鈴木文孝
Suzuki Fumitaka

Kant and Philosophy of the Ego

カントに学ぶ
自我の哲学

カントの批判哲学と自我論および関連論考

以文社

緒　言

　旧著『カントの批判哲学と自我論』は，当時のドイツの伝統的形而上学についてのカントの批判が体系的に叙述されている，『純粋理性批判』の「超越論的弁証論」の，「合理的心理学」の批判に充てられている「純粋理性の誤謬推理について」の章（誤謬推理論）に関する自分の研究の要点をまとめた，和英論文集である。同書に続く自著『カント哲学の締めくくり』には，『カントの批判哲学と自我論』を補完する，カントの誤謬推理論に関する論考が収録されている。本書は，旧著『カントの批判哲学と自我論』を基幹に据えて，それら同書の関連論考と併せて一書にまとめた，カントの誤謬推理論に関する──したがって，カントの哲学的自我論（自我の哲学）に関する──論著を収録した自選作品集である。本書には，『カントの批判哲学と自我論』の〔第 1 部〕〔第 2 部〕と『カント研究の締めくくり』所収の関連論考 3 編を収録し，併せて，本書の刊行に際して新しく書き下ろした論考 1 編を収録した。旧著所収の論考を本書に収録する際，原則として加筆を施さないこととするが，本書の〔第 2 部〕に収録した英文論考については，本書に収録するに際して，語調を整えるために若干の加筆を施した。付言すれば，本書に収録した英文論考の執筆に着手するまで，私は英文で論文を執筆したことがなかったけれども，哲学・倫理学の文献を英語で読むことには必ずしも不慣れでないことを自覚して，カント研究を英文でまとめる際，英語で考えながら論を組み立てることを思い立ち，辞書と文法書を頼りにして英文を執筆した。したがって，本書に収録した英文論考は，全て私が独力で執筆したものであって，native speaker's check を受けていない。その点については，ご寛容いただきたく思う。

i

なお，旧著『カントの批判哲学と自我論』の巻末に〔付論〕として収録した「素粒子の超伝導モデルについての哲学的考察」については，昨年5月に刊行された自選作品集『文化の中の哲学をたずねて──諦めの哲学および関連論考』の第二編「科学・科学史の中の哲学をたずねて」に収録したので，本書では，『カントの批判哲学と自我論』の〔付論〕を割愛した。また，同書の〔第1部〕の末尾の「追記」も割愛した。代わりに，本書では，巻末に〔第3部〕「カント哲学と荷風文学とのはざまで」と回想記「哲学・倫理学の旅の結びに」を追加した。

　本書は，あるいは，私の「哲学・倫理学の旅」を締めくくる，勉学の旅の総仕上げの著作になるかも知れません。振り返ってみますと，自著の刊行に際して，35年もの長年月にわたって以文社のお世話になってまいりました。心より感謝いたしております。
　本書の刊行に際しましては，同編集部の前瀬宗祐氏ならびに大野真氏に御尽力いただきました。記して感謝申し上げます。
　　　　　2019年3月25日　　　　　　　　　　　　　　鈴木文孝

カントに学ぶ自我の哲学

目　次

緒　言　*i*

凡　例　*ix*

〔第１部〕カントの批判哲学と自我論

謝　辞　*4*

序　*5*

第１章　デカルトのコーギトー命題と彼の自我論の特性

序　論　*8*

第１節　「我思惟す。ゆえに我在り」という命題の二重の側面　*9*

第２節　公理命題としての「我思惟す。ゆえに我在り」　*15*

第３節　「我思惟す。ゆえに我在り」という命題の定式化における
　　　　論拠の差異　*19*

第４節　デカルトのアリストテレス自然学の批判とその方法論的意義　*24*

結　論　*28*

　注　　*28*

第２章　カントの合理的心理学批判と
　　　　　彼の超越論的自我論

序　論　*32*

第１節　「（蓋然的に解された）「我思惟す」という命題」という語句　*32*

第２節　超越論的人格性の概念　*35*

第３節　心理学的理念の特異性　*37*

第４節　単純性の誤謬推理の特異性　*39*

第５節　「内属の主観」としての超越論的主観　*42*

第6節　諸実体のゲマインシャフトに関するカントの理論　*45*

結　論　*47*

　注　　*47*

第3章　カントの合理的心理学批判と
彼の自我論の存在論的側面

序　論　*54*

第1節　コーギトー命題の存在命題的側面についてのカントの言及　*54*

第2節　「「我在り」という個別的表象」という語句　*56*

第3節　「我考う」と内的知覚　*57*

第4節　自我存在を包含する命題としての「我考う」　*60*

第5節　『純粋理性批判』第二版 B422-423 ページの脚注の解釈　*65*

結　論　*70*

　注　　*70*

第4章　カントの自我論とその歴史的背景

序　論　*76*

第1節　認識論におけるコペルニクス的転回　*76*

第2節　デカルトの自我論からカントの自我論へのパラダイムシフト　*80*

第3節　合理的心理学の批判における，表象の明瞭さについての
　　　　カントの言及　*81*

第4節　表象の明瞭さについてのカントの言及に関しての注釈の補足　*84*

第5節　カントの合理的心理学の批判の手順へのデカルトの影響　*86*

結　論　*88*

　注　　*89*

〔第 2 部〕
The Critical Philosophy of Immanuel Kant and His Theory of the Ego

Acknowledgments *95*

Preface *97*

Introductory Notes *99*

Chapter 1 The Cogito Proposition of Descartes and Characteristics of His Ego Theory

Introduction *102*

Section 1 The twofold aspect of the proposition 'I think, therefore I am' *103*

Section 2 'I think, therefore I am' as an axiomatic proposition *109*

Section 3 Differences in the reasoning behind the formulation of the proposition 'I think, therefore I am' *114*

Section 4 Descartes' criticism of Aristotelian physics and its methodological significance *118*

Conclusion *123*

Notes *123*

Chapter 2 Kant's Criticism of Rational Psychology and His Theory of the Transcendental Ego

Introduction *128*

Section 1 The phrase 'the proposition, I think, (taken problematically)' *128*

Section 2 The concept of transcendental personality *132*

Section 3 The peculiarity of the psychological idea *135*

Section 4 The peculiarity of the paralogism of simplicity *137*

Section 5 The transcendental subject as the subject of inherence *141*

Section 6 Kant's theory of the community of substances *144*

Conclusion *147*

Notes *147*

Chapter 3 Kant's Criticism of Rational Psychology and the Ontological Aspect of His Ego Theory

Introduction *154*

Section 1 Kant's references to the existential aspect of the Cogito *154*

Section 2 The phrase 'the singular representation, I am' *156*

Section 3 'I think' and inner perception *158*

Section 4 The 'I think' as a proposition which includes an existence *161*

Section 5 Interpretation of the footnote on pages B422–423 *167*

Conclusion *172*

Notes *172*

Chapter 4 Kant's Ego Theory and Its Historical Background

Introduction *178*

Section 1 The Copernican revolution in epistemology *178*

Section 2 The paradigm shift in philosophy from Descartes' ego theory to Kant's ego theory *183*

Section 3 Kant's reference to the clarity of representations in his criticism of rational psychology *185*

Section 4 Further Comments on Kant's reference to

the clarity of representations　*188*

Section 5　Descartes' influence on Kant's procedure of
　　　　　his criticism of rational psychology　*190*

Conclusion　*193*

Notes　*193*

〔第3部〕カント哲学と荷風文学とのはざまで

第1章　「超越論的弁証論」をめぐって　*201*

第2章　『純粋理性批判』第二版の「コーギトー」
　　　　命題に関する脚注をめぐって　*207*

第3章　カントの自我の哲学と
　　　　永井荷風の諦めの哲学　*215*

第1節　カント哲学と荷風文学との内在的親和性　*216*
第2節　荷風『冷笑』における諦めの哲学
　　　　──比較哲学的考察の地平を求めて　*218*

哲学・倫理学の旅の結びに　*225*

参考文献（References）　*230*

初出一覧　*232*

装幀＝難波園子

凡　例

＊第1部においては，引用符内の最後の句点は，原則として，省略することとする。

＊和文の引用文の末尾の省略箇所は，「……」または「云々」で示すこととする。
なお，本書においては，「云々」は，すべて省略箇所を表している。

＊縦組みの文献から引用する場合，読点（、）をコンマ（，）に換えることとする。

＊引用文中の改行箇所（段落の区切り等）は，「／」で示すこととする。

＊引用文中に語句，文章を補足する場合には，その箇所を〔　〕に括って補足することとする。ただし，引用文中に欧文の語句，文章を補足する場合には，その箇所を[　]に括って補足することとする。

＊デカルトの著作から引用する場合には，『増補版　デカルト著作集』（全4巻。白水社，2001年）を使用することとし，引用文中に語句，文章を補足する場合には，アダン-タヌリ版『デカルト全集』（*Œuvres de Descartes*, publiées par Charles Adam & Paul Tannery）を用いて補足することとする。引用箇所を示す際，『増補版　デカルト著作集』の巻数，ページに続けて，アダン-タヌリ版『デカルト全集』（以下，ATと記す）の巻数，ページを併記することとする。地の文においては，例えば「我思惟す。ゆえに我在り」というような，私が用い慣れている訳語・訳文を用いる場合がある。なお，本書においては，『方法序説』，『省察』，『哲学原理』，『宇宙論』は，すべてデカルトの著作の下記の邦訳を表す。

三宅徳嘉・小池健男訳『方法序説』（『増補版　デカルト著作集』1所収）。

所雄章訳『神の存在，および人間的霊魂の身体からの区別，を論証する，第一哲学についての／ルネ・デカルトの 省察』（『増補版　デカルト著作集』2所収）。本書では，『省察』と記す。

三輪正・本多英太郎訳『哲学原理』（『増補版　デカルト著作集』3所収）。

野沢協・中野重信訳『宇宙論 または光についての論考』（『増補版　デカルト著作集』4所収）。

＊本書においては，「第二反論」，「第五反論」は，すべて『省察』の「反論と答弁」の下記の邦訳を表す。

「第二反論に対する答弁」（所雄章編修「反論と答弁」の，所雄章訳「第二反論と答弁」。『増補版　デカルト著作集』2所収）。

「第五反論に対する著者の答弁」（所雄章編修「反論と答弁」の，増永洋三訳「第五反論と答弁」。『増補版　デカルト著作集』2所収）。

なお，三輪正・本多英太郎訳『哲学原理』については，三輪正氏執筆の，『哲学原理』の「解説」に，次のように記されていることを書き添えておく。「エリザベト王女への献辞，仏訳者への手紙，第一部，第三部標題は本多英太郎が訳出を

担当し，第二部，第三部第三節まで，第四部および解説は三輪正があたった」（『増補版　デカルト著作集』3，534 ページ）。本書における，三輪正・本多英太郎訳『哲学原理』からの引用は，仏訳者への手紙と第一部からの引用である。

＊カントの著作からの引用に際しては，諸家の日本語訳，及び下記の M. ワイゲルトの英訳を参照した。

Immanuel Kant, *Critique of Pure Reason*, translated, edited, and with an Introduction by Marcus Weigelt, based on the translation by Max Müller.

＊永井荷風の作品から引用する場合には，岩波書店版の，第二次「荷風全集」第七巻（1992 年，2009 年第 2 刷）を使用することとする。引用に際しては，ルビは省略することとする。引用文中の省略箇所を示す場合，同全集からの引用文については，文頭での省略箇所は「……」で，引用文の末尾の省略箇所は「云々」で示すこととする。なお，引用文中の漢字については原則としてテキストの字体を用いることとするが，引用に際して，字体を「常用漢字表」（2010 年改定）の字体，「印刷標準字体」に改めて引用した場合がある。

カントに学ぶ自我の哲学

カントの批判哲学と自我論および関連論考

〔第1部〕
カントの批判哲学と自我論

謝　辞

　大学院の学生時代，指導教官として学恩を賜った金子武蔵先生と小倉志祥先生に感謝申し上げます。私がカント研究の道を志したのは，両先生のご教導によってでありました。

　本論文集の執筆に際しては，カント及びデカルトの著作の英訳を引用させていただきました。カントの *Critique of Pure Reason* (Penguin Classics) の訳者 Marcus Weigelt, デカルトの *Method and The Meditations* (Penguin Classics) の訳者 F. E. Sutcliffe, デカルトの *Discourse on Method and Related Writings* (Penguin Classics) 及び *Meditations and Other Metaphysical Writings* (Penguin Classics) の訳者 Desmond M. Clarke の諸氏に，心より感謝申し上げます。

　また，本書の執筆に際しては，白水社『増補版 デカルト著作集』より訳文を引用させていただきました。同著作集の訳者諸氏に，心より感謝申し上げます。

　そして，本論文集の刊行に際し，万全の配慮をもってご尽力いただきました以文社の編集スタッフの皆様に，格別の感謝を申し上げます。勝股光政社長には，本書が外国のカント研究者の目に留まることを，期待していただいております。

　　　2015 年 3 月

　　　　　　　　　　　　　　　　　　　　　　　　　　鈴木文孝

序

　本論考における，私の目標は，カントの，合理的心理学の誤謬推理の批判，すなわち『純粋理性批判』の「純粋理性の誤謬推理について」の章において行われている，カントの，純粋理性の誤謬推理の批判に関する自分の研究成果の要点を叙述することである。カントに先行して，デカルトが，西洋近代哲学の自我論の基盤を築いた。したがって，第1章は，デカルトの形而上学的自我論からカントの批判哲学の自我論へのパラダイムシフト，すなわち，それによって「精神」の概念が「超越論的主観」の概念に置き換えられた，自我論におけるパラダイム・チェンジを考慮に入れて，デカルトの形而上学的自我論を叙述することに充てられる。第2章は，『純粋理性批判』第一版で叙述されているカントの自我論の〈超越論的哲学〉的側面を解明することに充てられる。第3章は，『純粋理性批判』第二版で叙述されているカントの自我論の存在論的側面を解明することに充てられる。第4章は，カントが『純粋理性批判』で達成した，認識論におけるコペルニクス的転回の意義に鑑みて，カントの自我論の歴史的背景を解明することに充てられる。

第 1 章

デカルトのコーギトー命題と
彼の自我論の特性

序　論

　周知のように，デカルトの自我論は，「コーギトー（我思惟す）」を基礎にして構築されている。『方法序説』においては，デカルトは彼の哲学の第一原理を，「我思惟す。ゆえに我在り（je pense, donc je suis）」と定式化している（AT Ⅵ, 32, 33）。'cogito, ergo sum' という有名な公式は伝統的にデカルト自身に帰せられてきたが，実際には彼の著述に由来するものではなくて，'je pense, donc je suis' のラテン語訳に由来するものである。『方法序説』のラテン語訳の訳者エティエンヌ・ド・クルセルは，'je pense, donc je suis' を 'Ego cogito, ergo sum, sive existo（我思惟す。ゆえに我在り，あるいは我存在す）' という公式に翻訳した（AT Ⅵ, 558）。デカルト自身は，我々が彼の著述を辿る限りでは，『真理の探求』の使用例（AT Ⅹ, 523）を除いては，著述のどこにおいても 'cogito, ergo sum' という語句を記していない。デカルトの形而上学の主著『第一哲学についての省察』（以下，『省察』と記す）においてさえも，'cogito, ergo sum' という公式も 'ego cogito, ergo sum' という公式も見いだされず，'我在り，我存在す（Ego sum, ego existo）' という公式だけが見いだされる（AT Ⅶ, 25, 27）。『哲学原理』においては，この命題は明確に 'ego cogito, ergo sum'（AT Ⅷ-1, 7, 9）と定式化されている。デカルトの連続的創造説——それは，とりわけ『省察』及び『哲学原理』で展開されている——を考慮に入れて，我々は，'I am thinking, therefore I am' が 'ego cogito, ergo sum' の最も適切な英訳である考えたいと思う。イマヌエル・カントの哲学についての研究との関連で，我々は，とりわけ『純粋理性批判』第二版において，カントが，文脈上「我考う（Ich denke）」を用いる方がより適切な場合，すなわち「悟性の純粋概念の演繹について」の章においてさえも（B138 etc.），「我考う（Ich denke）」を「我在り（Ich bin）」に置き換えていることを強調したい。さらに，カントが「我在り」という個別的表象（die einzelne Vorstellung, Ich bin）」（A405）という語句を用いていることは，注目に値する。「個別人格（Einzelperson）」は個我を指意し，した

8

がって「個人（Individuum）」と同義である。「「我在り」という個別的表象」という語句においては，「個別的（einzeln）」という言葉は，明白に，「個人的（individuell）」の意味で用いられている。それゆえ，「「我在り」という個別的表象」という言葉は，はっきりと，「「我在り」という各個人の表象」を意味する。「「我在り」という個別的表象」というカントの言い回しは，彼が超越論的自我の存在の個人性を明確に意識していることを，はっきりと示唆する。超越論的統覚と規定される「我考う」だけでなく，各自の自分自身の存在についての個人的表象と規定され得る「我在り」も，「我思惟す。ゆえに我在り」というデカルトの命題に由来する。デカルトはコーギトー命題を推理命題として定式化した。我々は，「我思惟す」の含意と「我在り」の含意との微妙な差異に注意しなくてはならない。その差異を明らかにするために，我々は，いわゆるデカルトの方法論的懐疑を分析して，「我思惟す。ゆえに我在り」というデカルトの命題の形而上学的意味を解明することにしよう。

第1節　「我思惟す。ゆえに我在り」という命題の二重の側面

「我思惟す。ゆえに我在り」という命題は，「我思惟す」及び「我在り」という二つの小命題によって構成されている。前者は自我自身の自己意識を表し，後者は自我自身の存在を表す（「我在り」と「我存在す」との同一性／対等性は，「我在り。我存在す（Ego sum, ego existo）」という公式によって示されている）。

「第二省察」において暗黙裏に述べられているように，「我在り。我存在す」は，「我思惟す（I think）」あるいは「我は思惟している（I am thinking）」との緊密な関係において定式化されている。方法論的懐疑を遂行することなしには，デカルトが「我在り。我存在す」という命題の定式化に成功することができなかったことは，確かである。「第二省察」で，デカルトは言う。

　「……私は，身体や感官に繋がれていて，それらなしにはかくてありえないのであろうか。しかしながら私に私は，世界のうちには，天空も，

大地も，精神も，物体も，全く何一つとしてないということを，説得したのである，が，そうとすれば，また私もないと，説得したのではなかったであろうか。いな，そうではなくて，何かを私に私が説得したというのであれば，確かに［少なくも］この私はあったのである。しかしながら，誰かしら或る，この上もなく力能もあればこの上もなく狡智にもたけた欺瞞者がいて，故意に私を常に欺いている。彼が私を欺いているならば，そうとすればこの私もまたある，ということは疑うべくもないのであって，彼が力のかぎり［私を］欺こうとも，彼はしかし［それでも］けっして，私が何ものかであると私の思惟しているであろうかぎりは，私が無である［アルイハ，何ものでもない，全然あらぬ］，という事態をしつらえることはできないであろう。かくして，すべてを十分にも十二分にも熟考したのであるから，そのきわまるところ，「われあり，われ存在す，[Ego sum, ego existo,]」というこの言明は，私によって言表されるたびごとに，あるいは，精神によって概念されるたびごとに，必然的に真である，と論定されなければならないのである」（所雄章訳『省察』。『増補版 デカルト著作集』2，38ページ。〔 〕内は，訳書による。AT VII, 25）。

この引用文においては，「我在り。我存在す」という，文字どおりの存在命題さえもが，「我思惟す」あるいは「我は思惟している」という最も根本的な事実に基づいて定式化されるということが，明らかである。「我思惟す」あるいは「我は思惟している」というその最も根本的な事実は，方法論的懐疑の遂行の極限において自我自身によって発見されたものである。方法論的懐疑を遂行する，まさにその主観の自己意識を表す，「我思惟す」あるいは「我は思惟している」という明証的な事実は，方法論的に哲学するというデカルトの営為の現象学的結果として発見された。しかし，上引の論述は，「第二省察」が，後で精神と物体の実体性を証明するという目標のために，「思惟するもの」としての自我の存在の形而上学的確実性，並びに「延長を有するもの」としての物体／身体の形而上学的確実性を演繹することに充てられていることを，示唆する。「思惟するもの」と「延長を有するもの」との区別が精神と物体の実在的区別を証明する

ための基礎であることは，明らかである。ただし，「第二省察」においては，精神（mens）は，「思惟実体（substantia cogitans）」ではなくて，「思惟するもの」と定義されている。デカルトは，精神と身体の実在的区別の証明が精神及び物体の実体性を証明するために不可欠であると考えている。したがって，「第二省察」の前半では，デカルトの意図は，思惟する自我についての存在命題，すなわち，「我在り，我存在す」という命題を演繹して，精神／自我の実体性の理論のための基礎を敷くために，思惟する自我を「思惟するもの」と規定することに向けられている。デカルトは，方法論的懐疑を遂行する営為の極限で発見された，唯一の絶対的に懐疑不可能な明証的事態を，「我在り，我存在す」という公式に定式化した。周知のように，デカルトはこの公式を，「全地球を場所的に移動させるために」アルキメデスによって探求された「確固不動の一点」になぞらえている（『所雄章訳『省察』。増補版 デカルト著作集』2，37 ページ。AT Ⅶ, 24）。

　精神の実体性を証明するための手順に関して，我々は，『方法序説』における手順と『省察』における手順との微妙な相違に気づいている。『方法序説』においては，デカルトは，彼の哲学の第一原理を定式化した直ぐ後ろで，次のように言う。

「それから，自分が何であるかを注意ぶかく検討し，そして自分にはどんな体もなく，またどんな世界も，自分がいるどんな場所もないと仮想することはできても，だからといって自分が無いと仮想することはできないし，それどころか，ほかのいろいろなものがほんとうであるかどうかを疑おうと考えていること自体から，私が有るということがきわめて明白確実に出てくるのにたいして，一方では，ただ私が考えることをやめさえしたら，たとえ私がかつて想像したものの残りぜんぶがほんとうであったとしても，私には自分が有ったと信じるどんな理由もなくなるだろうということを見て，私はそこから，自分がひとつの実体であり，その実体の本質なり本性なりは考えることだけにつきるし，またその実体は有るためにどんな場所も必要としなければ，どんな物質的なものにも依存しないことを認識したのです。ですからこの〈私〉，つまり私を現在あるものにしている〈魂〉は，体とはまるきりべつなものであり，

しかも体よりも認識しやすく，たとえ体が無かったとしてもそっくり今あるままであることに変わりはないでしょう」（三宅徳嘉・小池健男訳『方法序説』。『増補版 デカルト著作集』1, 39 ページ。AT Ⅵ, 32-33）。

ここでの立論においては，精神の実体性だけでなく，精神と身体の実在的区別も証明されている。しかし，精神と身体の実在的区別を証明するためには，それに先行して，身体／物体（corpus）の実体性が証明されなくてはならない。身体／物体の実体性を証明するためには，それに先行して，神の存在及び神の誠実（veracitas Dei）を証明することが必要である。精神と身体の実在的区別を証明することは，少なくとも自我論の観点からは，デカルトの形而上学の最も重要な目標である。なお，デカルトの形而上学の構造については，『方法序説』の「第四部」において，その概要が簡明に叙述されている。

『省察』においては，デカルトは，「我在り，我存在す」という命題と，「我思惟す」ないし「我は思惟している」という命題との緊密な関連を，明確に認識している。それらの緊密な関連に基づいて，デカルトが，後で精神の実体性を証明するという目標のために，思惟するもの（res cogitans）についての形而上学的概念を演繹することを企図していることは，明白である。彼は，次のように記している。

「……霊魂に私が帰していたもののうちには［実は］しかし，どうなのか。栄養をとること，あるいは歩行すること，はどうであろうか。すでに身体を私がもっていないというからには，それらもまた作りごと以外の何ものでもない。感覚することはどうか。思うに，またこれも身体がなければ生じはしないのであって，感覚しているつもりに私が睡眠中にはなっていて，後になってみて私が，〔実際に〕感覚したのではなかったと気のついたものが，すこぶる多々あるのである」（所雄章訳『省察』。『増補版 デカルト著作集』2, 40 ページ。〔 〕内は，訳書による。AT Ⅶ, 26-27）。

「第二省察」の第六段落の記述は，さらに次のように続いて，『省察』における「思惟する事物」の概念が確定される。

「思惟することはどうか。ここに私は見つけ出す，思惟がそれである，と。思惟のみは私から引き剥がし能わぬのである。私はある，私は存在

する [Ego sum, ego existo]，これは確実である。それはしかし，いかなるかぎりにおいてであるか。思うに，私が思惟しているかぎりにおいてである。というのも，私が一切の思惟を止めるとしたならば，おそらくまた，その場で私はそっくりあることを罷める，ということにもなりかねないであろうから。今私は，必然的に真であるところのもの以外には何ものも受け入れないことにしているのである。そうとすれば，私とは，断然［厳密な意味で］思惟する事物 [res cogitans] でしかなく，言いかえるなら，精神 [mens] であって，これを心 [animus] と言っても知性 [intellectus] と言っても理性 [ratio] と言ってもよいが，それらは以前にはその意味が私には識られていなかった言葉なのである。私はしかし，真なる事物で，真に存在する事物である。しかし，どのような事物であるか。私は言った，思惟する事物，と」（所雄章訳『省察』。『増補版 デカルト著作集』2，40–41 ページ。AT Ⅶ, 27）。

　ここでの立論において，デカルトは，精神が思惟するもの（res cogitans）であることを証明するための彼の手順を説明している。彼は，思惟（cogitatio）だけが思惟する自我（すなわち思惟実体）の属性（attributum）と考えられ得ることを，主張している。「私はある，私は存在する [Ego sum, ego existo]，これは確実である。それはしかし，いかなるかぎりにおいてであるか。思うに，私が思惟しているかぎりにおいてである。というのも，私が一切の思惟を止めるとしたならば，おそらくまた，その場で私はそっくりあることを罷める，ということにもなりかねないであろうから。」という言明において，デカルトは，暗黙裏に，連続的創造（creatio continua）についての彼の考えに言及している。デカルトによれば，「神の保存」（cf. *Meditations and Other Metaphysical Writings*, translated by D. M. Clarke, p. 131/AT Ⅷ-1, 24–25）によって支えられていることなしには，有限な被造実体の存在は，保存され得ない。

　「我在り，我存在す」の**我**（自我）は，「思惟するもの」であり，デカルトはそれに，原則的に，「精神（mens）」という術語を当てている。我々は，思惟するものについての形而上学的概念，すなわち彼の思惟実体の概念を演繹するためのデカルトの手順を，次のように特徴づけたいと思う。すな

わち，『方法序説』における手順は，「我思惟す」の**我**の実体性についての
デカルトの考えと緊密に結び付いている。『省察』における手順は，「我思
惟す」の**我**の存在のアクチュアリティー（現実性）についての彼の考えと
緊密に結び付いている。ただし，我々は，デカルトの「我思惟す」につい
ての考えが，『省察』においても，彼が 'anima' あるいは 'mens' とい
う言葉を当てている，自我の実体性の理論であることを，否定することは
できない。

　我々は，「我思惟す。ゆえに我在り」という懐疑不可能な事実がデカル
トの哲学の第一原理であることを，看過してはならない。デカルトにとっ
て，「我思惟す。ゆえに我在り」は，それによって我々が思惟する自我の
実体性を認識することのできる唯一の命題である。デカルトは，形而上学
的実体論の見地から，彼の自我論を構築した。西洋の近代形而上学は，自
我についてのデカルトの考え，すなわち精神についての彼の考えに強く
影響されている。第一版の「純粋理性の誤謬推理について」の章におい
て，カントは，ライプニッツ−ヴォルフ学派の合理的心理学における霊魂
についての考えを徹底的に批判している。西洋哲学史上，哲学的自我論に
おいて，際立って顕著なパラダイムシフト（paradigm shift）が，カント
の徹底した合理的心理学批判によって達成されたのである。^{*1}カントの哲学
革命を通して，霊魂あるいは精神の実体性についての探究は，超越論的自
我（超越論的主観）の知性的働きについての探究に転換した。伝統的な形
而上学的心理学，すなわち霊魂あるいは精神の実体性の理論は，超越論的
自我についての理論に転換した。カントの立論に従えば，我々は，超越論
的自我についての理論を，超越論的自我についての存在理論と特徴づける
ことができる。とりわけ第二版の「純粋理性の誤謬推理について」の章に
おいて，カントは，「我考う」が，思惟する自我がそれによって思惟する
自我自身の存在／実在性を知覚することができる，存在命題に他ならない
ことを，断言している（cf. B422–423 fn）。カントが『純粋理性批判』第二
版で，「純粋理性の誤謬推理について」の章を全面的に書き改めた，主な
理由の一つである。

14

第2節　公理命題としての「我思惟す。ゆえに我在り」

「我思惟す。ゆえに我在り」というデカルトの命題は，推理（推論）によって定式化された命題と解釈され得る。また，それは，直観によって定式化された命題とも解釈され得る。これは，デカルト形而上学の解釈の最も難しい問題の一つである。この問題に関しては，デカルト自身が様々な見解を述べている。

『方法序説』においては，デカルトは，「我思惟す。ゆえに我在り」という命題を，それがまさしく公理命題であるかのように定式化している。「我思惟す」は，「我懐疑す」で置き換えられ得る。方法論的懐疑によって，デカルトは，唯一の懐疑不可能な事実，すなわち「コーギトー」を発見して，それを「我思惟す。ゆえに我在り」と定式化した。彼は，方法論的懐疑を遂行する営為の極限において彼の哲学の第一原理を発見して，それを定式化した。もちろん，「我在り，我存在す」は，思惟する自我自身の現実性／存在を意味する。方法論的懐疑の主観，すなわち，方法論的懐疑を遂行している自我は，自我自身の存在を懐疑することはできない。思惟する自我の現実性／存在は，自我自身にとっては，直観によって演繹された明証的事実であり，それは，絶対に懐疑不可能な事実である。それゆえ，「第二答弁」では，デカルトは，「この私は思惟する，ゆえに私はある，言うなら私は存在する」という命題は「精神の単純な直視によって」定式化され得る，と主張している（『省察／および反論と答弁』の所雄章訳「第二反論と答弁」。『増補版 デカルト著作集』2，172 ページ。AT Ⅶ，140）。

　他方で，デカルトは，「我思惟す。ゆえに我在り」という命題は「我思惟す」を小前提とし，「ゆえに我在り」を結論とする，三段論法を用いて定式化されなくてはならない，と主張している。幾つかの著作においては，デカルトは，その三段論法において想定される大前提に言及して，それを，「考えるものが存在しないことはありえない」（三輪正・本多英太郎訳『哲学原理』。『増補版 デカルト著作集』3，37 ページ。AT Ⅷ-1，8）と定式化している。「我思惟す。ゆえに我在り」という命題についてのこのような三段論法説（すなわち省略三段論法説）は，もともと，デカルトの本来の思考に

由来するものではない。デカルト自身にとっては,「我思惟す。ゆえに我在り」は,決して三段論法を用いて演繹された命題ではない。デカルトがこの命題の大前提の必要性を思い付き,この命題の省略三段論法説を述べた主要な理由は,彼が彼の自我論を,ピエール・ガッサンディが彼の「再反論」の「訴訟」('Instantia')において提起した異議から防御しなくてはならなかったということである。ガッサンディは,(「再反論」の)「訴訟」で,「我思惟す。ゆえに我在り」というデカルトの命題はそれの大前提が決して証明され得ない三段論法を用いて導出されているということを指摘して,デカルトを厳しく批判した。しかし,デカルトは,省略三段論法説によって想定される三段論法の隠れた大前提を証明することは自分には不可能ではない,と考えた。

『哲学原理』においては,デカルトは,コーギトー命題についての彼のそれまでの立論を,次のように締めくくっている。

「したがって,私は,「私は考える,ゆえに私はある」という命題が,あらゆる命題のうちで,順序正しく哲学している人の誰もが出会う最初の最も確実な命題であると言ったとき,だからといって,この命題に先立って,「思考とは何か」「存在とは何か」「確実性とは何か」とか,また同様に「考えるものが存在しないことはありえない [id quod cogitet non existat]」ことなどを,知っておかなければならないことを否定はしなかったが,しかし,これらは最も単純な概念であり,またそれらだけでは存在しているいかなる事物に関する知識をも現前させはしないので,特に数えあげる必要もない,とみなしたまでである」(三輪正・本多英太郎訳『哲学原理』。『増補版 デカルト著作集』3, 37 ページ。AT VIII-1, 8)。

デカルトの立論は,一見,少し込み入っているように思われる。ここでデカルトが「考えるものが存在しないことはありえない」という概念を,ア・プリオリな綜合判断ではなく,「最も単純な概念」の一つと見なしていることは,注目に値する。

上引の論述を考慮に入れる限り,デカルトは「単純な概念」(notio simplex)と「単純な直観」(intuitio simplex)とをはっきりと区別している,と断言してよい。この文脈においては,「単純な観念」は,「単純な直

観」によって獲得された判断ないし命題を意味する。同じ『哲学原理』で，デカルトは，「共通概念あるいは公理」という語句を使用している。彼は，次のように記している。

　「そして，これらすべては事物あるいは事物の性質すなわち様態とみなされる。ところで，無から何ものかが生じてくることはありえない，ということをわれわれが認めているとき，この「無からは何ものも生じない」という命題は，何か存在する事物としても，また事物の様態としても考えられないが，しかしわれわれの精神のうちに座を占める何らかの永遠な真理と考えられ，共通概念あるいは公理と呼ばれるのである」（三輪正・本多英太郎訳『哲学原理』。『増補版 デカルト著作集』3，59 ページ。AT Ⅷ-1, 23）。

　デカルトは「共通概念あるいは公理」について，次のように説明している。

　「この類に属するものとしては，「同じものが同時に存在し，かつ存在しないことは不可能である」とか，「いったん起こったことは，起こらなかったことではありえない」とか，「考えるものは，考えている間は存在しないことはできない [non potest non existere dum cogitat]」とかなど，他にも無数にあり，……」（三輪正・本多英太郎訳『哲学原理』。『増補版 デカルト著作集』3，59 ページ。AT Ⅷ-1, 24）。

　それゆえ，デカルトが「考えるものが存在しないことはありえない〔という概念〕」を，形而上学の「公理」の一つと見なしていることは，明らかである。ここでは，「公理」は，直観によって証明されることができる公理を意味するのではなくて，正しい方法で哲学するという，我々の知性的営為によって証明されることができる公理を意味する。

　デカルトが「我思惟す。ゆえに我在り」という命題についての三段論法説に言及するとき，彼は，暗黙裏にではあるが，「思惟するところのものはすべて，ある，言うなら存在する」，あるいは「考えるものが存在しないことはありえない」と定式化され得る大前提が，前提とされなくてはならないことを，主張する。ただし，『哲学原理』における彼の記述に関する限り，「考えるものが存在しないことはありえない」ということ，すな

わち「考えるものは，考えている間は存在しないことはできない」というこということは，「共通概念あるいは公理」である。したがって，『哲学原理』におけるコーギトー命題についての彼の立論に関する限りでは，我々が「我は思惟している。ゆえに我在り」という命題を形而上学的証明によって保証する必要は，全くない。いかなる先行する前提をも必要としないで，我々は，「我は思惟している。ゆえに我在り，あるいは我存在す」ということを，認識することができる。なぜなら，我々は，「考えるものが存在しないことはありえない〔という概念〕」が形而上学の公理，すなわち証明されることを全く必要としない命題であることを，認識しているのであるから。正しく哲学しているデカルト自身にとっては，「「私は考える，ゆえに私はある」という命題が，あらゆる命題のうちで，順序正しく哲学している人の誰もが出会う最初の最も確実な命題である」ということは自明の真理であるに違いない。さらに，或る側面においては，カントによっても指摘されているように，「我は思惟している。ゆえに我在り」は，同義語の反復命題である。我々は，「我在り」／「我存在す」を，「我思惟す」／「我は思惟している」から直接に導出することができる。ただし，「我は思惟している。ゆえに我在り」というデカルトの命題は，本質的には，自我の存在の自己意識，すなわち，哲学する主観自身の，存在に関する自己意識を表す命題として定式化されているということが，注目されなくてはならない。

　ユークリッド幾何学においては，公理は，幾何学的に証明されることを必要としない，直観的に明証的な命題と定義されている。それと同様に，「我思惟す。ゆえに我在り」というデカルトの命題は，方法論的懐疑を遂行している自我自身の存在についての自己意識を直接に表す，直観的に明証的な，形而上学的命題である。「我は思惟している。ゆえに我在り，あるいは我存在す」というデカルトの命題に関する限り，この命題の「我は思惟している」の側面を強調することは，非常に理にかなっている。しかし，『純粋理性批判』第二版との連関で，我々は，この命題の，「我在り，あるいは我存在す」の側面に注目したい。デカルト自身にとっては，「我思惟す。ゆえに我在り」は，方法論的懐疑を遂行する営為の極限にお

いて発見された直観的真理である。したがって，「我思惟す。ゆえに我在り」というデカルトの命題が公理命題であることは，確かである。さらに，「我在り，我存在す」という命題を導出することについてのデカルトの立論は，「我は思惟している。ゆえに我在り，あるいは我存在す」という命題が，本質的には，方法論的懐疑を遂行している自我自身の存在の自己意識を表す，存在命題であることを，非常にはっきりと例証している。

第3節 「我思惟す。ゆえに我在り」という命題の定式化における論拠の差異

　我々は，なぜ『省察』において自我命題が「我思惟す。ゆえに我在り」あるいは「我は思惟している。ゆえに我在り」という公式に定式化されないで，「我在り，我存在す」という公式に定式化されているのかについて，さらに詳細に考察してみたい。そこでは我々が「我思惟す。ゆえに我在り，あるいは我存在す」という命題を見いだすことができない，「第二省察」においてさえも，デカルトは，彼の自我命題を「我思惟す。ゆえに我在り，あるいは我存在す」，ないし「我は思惟している。ゆえに我在り，あるいは我存在す」という公式に定式化することを，明確に意識している。思惟するものについての形而上学的概念を演繹する過程において，デカルトは，次のように述べている。

　「思惟することはどうか。ここに私は見つけ出す，思惟がそれである，と。思惟のみは私から引き剥がし能わぬのである。私はある，私は存在する [Ego sum, ego existo]，これは確実である。それはしかし，いかなるかぎりにおいてであるか。思うに，私が思惟しているかぎりにおいてである。というのも，私が一切の思惟を止めるとしたならば，おそらくまた，その場で私はそっくりあることを罷める，ということにもなりかねないであろうから。……私はしかし，真なる事物で，真に存在する事物である。しかし，どのような事物であるか。私は言った，思惟する事物，と」（所雄章訳『省察』。『増補版 デカルト著作集』2，40-41ページ。AT VII, 27）。

デカルトが,「我在り,我存在す」という事実は,「我思惟す」あるいは「我は思惟している」,すなわち「我は懐疑している」という事実に基づいて認識され得るということをはっきりと認識していたことは,明白である。「第二省察」においては,デカルトは,「我在り,我存在す」という命題を,方法論的懐疑を遂行する営為の結果として定式化した。「我在り,我存在す」は,方法論的懐疑を遂行する営為の極限において発見された,懐疑の余地のない事実である。方法論的懐疑を遂行する営為の極限において,デカルトは,方法論的懐疑を遂行している主観の存在は,決して懐疑され得ないということを,認識した。そのようにして,デカルトは,「思惟するもの」の概念とそれの属性である「思惟(cogitatio)」を演繹した。論理的には,「我在り,我存在す」という事実を「我思惟す」という事実から演繹することは,不可能ではない。「我思惟す」という事実と「我在り,我存在す」という事実とは,不可分離的に関連している。それゆえ,我々は「我在り,我存在す」という事実を,「我思惟す」という事実から,直接推理によって(per conseqentiae immediatae)演繹することができる。しかし,デカルトは,「我思惟す。ゆえに我在り」という命題が推理(推論)によって演繹された命題であるとは考えない。デカルトにとっては,アリストテレスによって彼の論理学の著作で定式化されている三段論法のみが,本来的意味での推論なのである。「第二答弁」において明らかであるように,デカルトは,もし我々が「我思惟す。ゆえに我在り,あるいは我存在す」という公式を,三段論法を用いて演繹しようとするなら,その場合に想定される命題,すなわち省略三段論法の大前提が前提とされなくてはならないという意見を受け入れるのを,ためらっている。「第二答弁」において,デカルトは,次のように述べている。

「……が,われわれがわれわれは思惟する事物であることに気づくという場合はと言えば,それはいかなる三段論法よりしても結論されることのない或る種の第一の知見でありますし,また,誰かが「この私は思惟する,ゆえに私はある,言うなら私は存在する [ego cogito, ergo sum, sive existo]」と言うという場合には,彼は,〔彼の〕存在をば〔彼の〕思惟から三段論法によって演繹するのではなくて,あたかも自ずからに

識られた事物として精神の単純な直視によって認知するのであり，その
ことは，存在を三段論法によって演繹するというのであれば，彼はそれ
よりも先に「思惟するところのものはすべて，ある，言うなら存在す
る [illud omne, quod cogitat, est sive existit]」というこの大前提を識っ
ていなければならなかったということになろう，ということよりして明
らかであります。けれども〔それとは反対に〕，まさしく彼の存在をば
むしろ彼は，彼自身のうちにおいて彼が，存在するというのでないかぎ
りは思惟するということはありえぬ，と経験するということから，学
び知るのです。というのは，一般的な命題を特殊なものの認識から形造
るということ，それがわれわれの精神の本性であるからです [Ea enim
est natura nostræ mentis, ut generales propositiones ex particularium
cognitione efformet]」（『省察／および反論と答弁』の所雄章訳「第二反論と
答弁」。『増補版 デカルト著作集』2，172 ページ。〔　〕内は，訳書による。AT
Ⅶ，140–141）。

デカルトは，我々の精神が，「思惟するところのものはすべて，ある，
言うなら存在する」という形而上学の命題を論理学的に証明することは可
能でない，ということを，主張している。しかし，我々が「順序正しく哲
学する」限り，我々は「我思惟す。ゆえに我在り」という形而上学の真理
を，「あたかも自ずからに識られた事物として精神の単純な直視によって
認知する」ことができる。それゆえ，デカルトは，「彼自身のうちにおい
て彼が，存在するというのではないかぎりは思惟するということはありえ
ぬ，と経験するという〔事実〕の意義を力説する。上に引用した論述の
直前には，次のように記されている。

「……私が「何ものをもわれわれは，まずもって神が存在することを認
識するというではないかぎり，確実に知ることができない」と言ったそ
の箇所で，明確な言葉でもって私は，私が［推論の］結論［ども］の知識
について，かかる「結論［ども］の記憶というものは，もはやわれわれ
がそれらの結論を演繹したその根拠に注意してはいない，という場合に，
［それだけが］舞い戻ってくるということのありうる」ものなのですが，
そういう結論の知識についてしか語っていないということを，立証して

おきました。というのは，原理［ども］の［直観］知は弁証家たちによっては知識と称されないのが常であるからです。が，われわれがわれわれは思惟する事物(もの)であることに気づくという場合はと言えば，それはいかなる三段論法よりしても結論されることのない或る種の第一の知見でありますし，……」（『増補版 デカルト著作集』2, 172 ページ。AT Ⅶ, 140。最後の引用文の最後の読点（,）の後ろに，上引の「また，誰かが「この私は思惟する，ゆえに私はある，言うなら私は存在する」という場合には，」以下の論述が続いている。以上，『省察／および反論と答弁』の所雄章訳(改行)「第二反論と答弁」）。

デカルトにとっては，「諸原理の知識」は，彼の形而上学的論議にとって必ずしも本質的なものではない。デカルトは，形而上学に，上で言及した「諸原理」に替えて，「〔「精神の単純な直視によって」直観的に認識される〕事実」と規定される「第一観念」を導入することを目指すのである。「一般的な命題を特殊なものの認識から形造るということ，それがわれわれの精神の本性である」という記述について解釈をしておきたい。或る側面においては，「存在するというのでないかぎりは思惟するということはありえぬ〔という命題〕」は，方法論的懐疑を遂行する主観によって，彼の形而上学的経験の結果として演繹される命題である。それゆえ，それは，「特殊なものの認識」の一種とも考えられ得る。しかし，我々は，「我思惟す。ゆえに我在り，あるいは我存在す」という命題が，「彼自身のうちにおいて彼が，存在するというのでないかぎりは思惟するということはありえぬ，と経験するという〔事実〕」の一般化の結果として演繹され得る，と理解すべきではない。デカルトにとっては，「存在するというのでないかぎりは思惟するということはありえぬ」という我々の認識は，「第一観念」，すなわち「精神の単純な直視によって」現象学的に経験された事実に他ならない。それゆえ，我々は，「我思惟す。ゆえに我在り，あるいは我存在す」というデカルト形而上学の根本原理をも，「彼自身のうちにおいて彼が，存在するというのでないかぎりは思惟するということはありえぬ，と経験するという〔事実〕」から直接に演繹され得る，現象学的に明証的な形而上学の原理と見なさなくてはならない。したがって，我々は，「我思惟す。ゆえに我在り，あるいは我存在す」は，本質的に存在命

題である，と主張することができる。「我思惟す」の自我は，単に，方法論的懐疑を遂行する主観として〈超越論的論理学〉的に要請される自我であるのではなくて，方法論的懐疑を現実に遂行している自我なのである。「第五答弁」で，デカルトはさらに，次のように述べている。

「……というのは，「私はどのようなそのほかの私の活動からも同じことを導き出すことができたのである」とあなたが言われるその場合は，はるかに真実からあなたは遠ざかっておられるからでして，それというのも，独り思惟のみを別にすれば，いかなる私の活動もおよそ私は確知することができないのですから。（つまり［確知しないと言っても，それは］，かの形而上学的確実性においてのことですが，独りそれのみがここでは問題なのです）。たとえば，「私は歩行する，ゆえに私はある」，ということを，歩行することの意識が思惟であるというかぎりにおいてでなければ，推断することは許されないのでありまして，独り思惟についてのみこの推断は確実です，が，身体の運動については，そうはゆきません。［何故ならば，］夢のなかでは［そうであるように］時として私には［自分が］歩行していると思われるその場合にもしかしまた，いかなる身体の運動も，［実際には］ないということがあるのです［から］。かくて，私が私は歩行していると考えるというそのことからは，りっぱに私は，そう考えているところの精神の存在を推断することはできます，が，しかし，歩行するところの身体の存在を推断することはできません。しかるに，その他の場合についても事情は同様です。……」（『省察／および反論と答弁』の増永洋三訳「第五反論と答弁」。『増補版 デカルト著作集』2，427ページ。AT Ⅶ, 352）。

ここでは，「我思惟す」は，明確に，精神の働き（an act of the mind）として考えられており，精神の働きは，明確に，思惟作用として考えられている。ここでは，「我思惟す」は，単に精神の論理的機能として把握されているのではない。我々は，上引のデカルトの記述に，我々の次のような見解を付け加えたい。もし我々が「ゆえに我在り，あるいは我存在す」という自我論的結論を，「「思惟するところのものはすべて，ある，言うなら存在する」という……大前提」から導出しようとするなら，我々は必然

的に，我々の精神の根本的働きに他ならない「我思惟す」という事実を，三段論法の小前提として用いなければならない，という我々の見解を。デカルトは時々，「我思惟す。ゆえに我在り，あるいは我存在す」という命題の公理的特性を強調しているけれども，この命題は，本質的に，存在命題として定式化されている。したがって，「我思惟す。ゆえに我在り，あるいは我存在す」の自我は，現実に存在している個別的な自我，すなわち「「我在り」という個別的表象」（カント）の自我である。

第4節　デカルトのアリストテレス自然学の批判とその方法論的意義

デカルトの『省察』の究極目標の一つは，もちろん，精神と身体の実在的区別を証明し，それによって精神及び身体の実体性を証明することである。精神と身体の実在的区別を証明する手順は，さらに，精神を身体から分離する手順，すなわち我々の精神を我々の身体から解放する手順であることが，注目されなくてはならない。そして，我々の精神と我々の身体の実在的区別を解明する手順は，さらに，我々の精神を我々の身体から分離する手順，すなわち，我々の精神を我々の身体から解放する手順でもある。我々の精神と我々の身体の実在的区別を解明する手順は，デカルトにとって，我々の精神を，アリストテレス形而上学に起源する先入見から解放することでもある。とりわけ『哲学原理』においては，デカルトは，方法論的懐疑と我々の精神を「あらゆる先入見」から解放することとの対応関係を強調している。彼は，次のように記している。

　「こうして，まじめに哲学し，認識可能なあらゆる事物の真理を追求するためには，まず，あらゆる先入見を捨て去らねばならない。すなわち，かつてわれわれが受け入れてきたいかなる意見に対しても，あらかじめ新しく検討し直して，真であることが十分わかるのでないかぎり，信頼を置くことのないよう厳しく用心しなければならない。次に，われわれ自身がみずからのうちにもっている概念に順序正しく注意を払わなければならない。そして，このように注意することによって，明晰判明に認識される概念のすべてを，またそれらだけを真であると判断しなければ

ならない。以上のことをおこなうことによって，われわれは，われわれが考える本性をもつかぎり，われわれが存在することにまず気づくであろう。……」（三輪正・本多英太郎訳『哲学原理』。『増補版 デカルト著作集』3，76-77 ページ。AT Ⅷ-1, 38）。

アリストテレス主義の哲学者たちの科学理論についてのデカルトの批判的観点の歴史的意義を解明するために，ここで『哲学原理』の序文に言及する。「仏訳者へのデカルトの手紙——序文の代わりとして——」（三輪正・本多英太郎訳『哲学原理』。『増補版 デカルト著作集』3，15 ページ。AT Ⅸ-2, 1–20）という標題の序文で，デカルトは，次のように記している。

「……しかも彼ら〔すなわち，「ところで，信仰の光の助けなしに，自然の理性によって考察されるこの最高の善は，第一原因による真理の認識にほかならず，これがとりもなおさず知恵であり，この知恵の研究が哲学なのです。」という文脈における「真理」を弁えずに，無批判的にアリストテレスに追随したスコラの哲学者たち〕は，しばしばアリストテレスの著作の意味をゆがめて，アリストテレスが再びこの世に帰ってきたとしたら，自分の意見とはとうてい認めることのできないようなさまざまな意見をアリストテレスのものとしました。アリストテレスに追随しなかった人々（最も優れた人々の多くはこの中に入ります）も幼いころからアリストテレスの意見に染まらざるをえず（アリストテレスの説しかスコラの学院では教えられていないからです），そのため，これが彼らの先入見となって，彼らはついに真の原理の認識に到達することができなかったのです」（三輪正・本多英太郎訳『哲学原理』。『増補版 デカルト著作集』3，20 ページ。AT Ⅸ-2, 7。〔 〕内の引用語句は，『増補版 デカルト著作集』3，17 ページ（AT Ⅸ-2, 4）による）。

デカルトは，「我思惟す。ゆえに我在り」という公式に定式化されている，彼の哲学の第一原理に基づいて，アリストテレス主義者たちの哲学の批判を行なった。デカルトは，表象の明晰性及び判明性を，科学的／形而上学的真理の真の基準と考える。デカルト及び彼の同時代の自然哲学者たちは，数学的物理学を，哲学を含む学問一般の典型であると考えて，宇宙の物理学的構造を解明することに勤しんだ。

デカルトの形而上学の体系が詳細に叙述されている，『哲学原理』の
「第一部／人間的認識の諸原理について」（三輪正・本多英太郎訳『哲学原理』。
『増補版 デカルト著作集』3，33-77 ページ）を別とすれば，同書の論述は，彼
の自然学の体系を叙述することに充てられている。上引の論述においては，
デカルトは，「学校で教えられた見解」，すなわちスコラ哲学者たちの「見
解」（スコラ主義）を批判している。文脈に即して言えば，デカルトのス
コラ主義批判は，スコラ形而上学（すなわち，スコラ哲学に組み入れられ
ているアリストテレス形而上学）に向けられているのではなくて，スコラ
自然学（すなわち，スコラ哲学に組み入れられているアリストテレス自然
学）に向けられている。同じ段落で，デカルトは，続けて次のように述べ
ている。

　「私としては，彼らをみな尊敬していますし，彼らをとがめることに
　よって，嫌われ者になりたくもありません。しかし，私の申し立てにつ
　いて，彼らの誰もが否定できない証拠を一つあげることができます。そ
　れは，彼らはみな，自分が完全に認識しているとは全然思っていないこ
　とを原理として想定している，ということです。たとえば，彼らのうち
　の誰かが，地上の物体に重さがないなどと想定したとは思いもよりませ
　ん。しかし，重いと言われる物体が地球の中心に向かって落下すること
　が，たとえ経験の明らかに示すところだとしても，だからといって重さ
　と呼ばれるものの本性，すなわち，物体をかように落下させる原因すな
　わち原理の本性が何であるかについては，われわれは何も認識してい
　ないのであって，それは別のところから学ばなければならないのです。
　……」（三輪正・本多英太郎訳『哲学原理』。『増補版 デカルト著作集』3，20 ペー
　ジ。AT IX-2, 7-8）。

　デカルトは，アリストテレス学派の自然哲学者たちの自然学における独
断論的考えを論駁する。正しく哲学しない自然哲学者たちが，重さを地球
上の物体の本質的特性と考えるのは，避けがたいことである。ガリレオ・
ガリレイは，望遠鏡による天体観測によって，地球上の物質に対する天界
の物質の優越性の考えを退けた。デカルトは，空間的な延長（extensio）
が物質／物体の属性であると考える。デカルトは，彼の物質粒子の渦動の

26

考え，すなわち，彼の著述『宇宙論』に詳細に記述されている，彼の渦動説に基づいて，自分の太陽中心説を構築した。『宇宙論』においては，デカルトは，重さの本質，すなわち，地球上の物体の，地球の中心に向かっての落下の「原因すなわち原理の本性」を，機械論的に説明することをも試みている。デカルトは，近代自然科学の機械論的自然観，とりわけ近代物理学の機械論的自然観の形成に大きく貢献している[*2]。

「仏訳者へのデカルトの手紙——序文の代わりとして——」で，デカルトは，続けて次のように述べている。

「ところで，明証的でない原理から演繹されて出てくるすべての結論もまた，たとえ演繹の仕方が明証的であっても，明証的であるとは言えません。したがって，明証的でない原理に基づくあらゆる推論は，いかなる事柄についても，確実な認識を彼らに与えることができず，だから知恵の探究において，彼らを一歩でも前進させることができなかったのです」（三輪正・本多英太郎訳『哲学原理』。『増補版 デカルト著作集』3，20–21ページ。AT IX-2, 8）。

ここでは，デカルトのスコラ自然学の批判は，アリストテレス自然学の「諸原理」に向けられている。周知のように，ガリレオは，アリストテレスの自然学以来，天界の物体の運動に帰せられてきた円運動の概念を地上の物体の慣性運動に適用し，慣性の法則を定式化した[*3]。ガリレオの慣性の法則によれば，慣性運動は円運動になる。ガリレオの慣性の法則は，アリストテレスの運動理論に基づいて定式化されている。物理学史において，デカルトが初めて，慣性の法則，すなわち慣性の等速直線運動の法則を正確に定式化した。

言うまでもなく，デカルトの自我論は，近代物理学の影響を受けている。彼の自我論は，自我の実体性の理論であるけれども，彼の同時代の人々の哲学思想・科学思想を基礎にして構築されている。デカルトは，自我の実体性を強調するだけでなく，「コーギトー」の自我の現実性／存在をも強調する。「我思惟す。ゆえに我在り，あるいは我存在す」は，デカルトの，現実に思惟している／哲学している自我の発見（自己認識），すなわち，思惟している／哲学している自我の現実性／存在の発見（自己認識）

の言明に他ならない。

結　論

　　方法論的懐疑の遂行の極限において，デカルトは，「我思惟す。ゆえに我在り，あるいは我存在す」と定式化することができる，懐疑不可能な形而上学的事実を発見した。「我思惟す。ゆえに我在り，あるいは我存在す」というデカルトの公式は，二重の側面を備えている。一つの側面においては，それは公理命題と特徴づけられ得る。もう一つの側面においては，それは存在命題と特徴づけられ得る。もちろん，デカルトの主要目標は，「我思惟す。ゆえに我在り，あるいは我存在す」という明証的事実から精神の実体性を導出し，それによって精神と身体の実在的区別を証明することである。デカルトのコーギトー命題の形而上学的意義に関する我々の研究は，この命題の二重の側面と，この命題と方法論的懐疑との緊密な関連とを解明した。我々の研究は，上述の成果を得るに至った。

注

＊1　哲学的自我論におけるパラダイムシフトは，「超越論的主観（das transzendentale Subject）」の概念を基軸にして，カントによって達成された。認識論におけるコペルニクス的転回を通して，カントは，我々の認識のすべての対象，すなわすべての現象（phaenomena）が，超越論的統覚（die transzendentale Apperzeption）による，超越論的主観の超越論的所産に他ならないことを，解明した。確かに，「我考う（Ich denke）」は，一つの側面においては，超越論的／純粋統覚の働きの論理形式である。ただし，カントの超越論的哲学によれば，感性界（die Sinnenwelt）に現実に存在するすべての事物の現実性／実在性（経験的実在性），すなわち，感性界そのもの現実性／実在性は，認識主観の知性能力を根源として超越論的に存立している。言うまでもなく，超越論的統覚は，人間の知性能力の最も根本的な機能である。我々は，超越論的統覚「我考う」の自我の現実性／実在性を強調したい。超越論的自我（das transzendentale Ich）と超越論統覚の自我は，根源的には同一の自我である。さらに，超越論的統覚「我考う」の自我は，「心理学的理念（die psychologische Idee）」に他ならない超越

論的主観そのものである。もちろん，心理学的理念は，「超越論的諸理念（die transzendentalen Ideen)」の一つである。心理学的理念は，それが超越論的自我（すなわち超越論的主観）に他ならないという特異性を具有する。換言すれば，超越論的自我は，それ自体で，合理的／超越論的心理学の超越論的理念である。さらに，超越論的自我は，現実に感性界の諸対象の認識を営んでいる自我，すなわち，超越論的統覚の自我に他ならない。それゆえ，我々は，精神の実体性の理論から超越論的自我のアクチュアリティーの理論への，自我の形而上学におけるパラダイムシフトは，カントの超越論的主観の概念に基づいて達成された，と断言することができる。我々がそれの存在を，我々の知性能力によって直接に認識することができる，超越論的自我についてのカントの理論は，超越論的自我についての存在理論（the existential theory of the transcendental I）と特徴づけることのできる理論である。

＊2　西洋の近代物理学及び近代天文学は，両者とも，数学的科学と特徴づけることができるが，それらの形成において，自然哲学者たちの形而上学思想が，重要な役割を演じた。数学的物理学の展開の基礎となった，デカルトの「延長を有するもの」の概念は，彼のアリストテレス自然学の批判を通して，とりわけ，物質はそれ自体の内に形相を含んでいると主張する，アリストテレス自然学の物質論の批判を通して導き出された。しかし，デカルトは，重さと質量の概念を，彼の物質（物体）の概念から排除した。デカルトによれば，物質の属性は，空間的延長に限られる。デカルトの近代物理学の発展への貢献は，実際にはむしろ限られている。ガリレオの物理学に比し，デカルトの自然学が，彼のいくつかの特殊研究を除いては，実験と観察に基づいて堅固に築かれていないことは，否定できない。『純粋理性批判』の「第二版序文」で明確に記述されているように，とりわけガリレオやエヴァンゲリスタ・トリチェッリは，実験的方法を用いて，西洋近代物理学の形成において重要な役割を演じた（cf. Bxiif.）。ニュートン物理学の顕著な影響を別とすれば，カントの物理学思想は，本質的にガリレオの物理学方法論の影響下にある。ガリレオは，数学的哲学者として，彼の科学研究を行なった。彼の数学的物理学の理念は，デカルトに受け継がれた。実験的方法を物理学に導入することによって，ガリレオと彼の後継者たちは，西洋の近代物理学及び近代天文学の発展に大きく貢献した。西洋の近代物理学及び近代天文学の発展を通して，アリストテレス自然学及びプトレマイオス天文学の絶対的優位は，徐々に，実験と観察に基づいた近代の数学的物理学の優位に転換した。アイザック・ニュートンは，最も注目すべき科学革命の一つと考えられ得る17世紀の科学革命を，彼の古典力学を確立することによって，完成させた。ニュートンは，ガリレオやガリレオの継承者たちと同様に，実験的方法を重要視した。月の近地点の精確な計算の問題及びそれに関連した月の運動の問題を解決するために，ニュー

トンは，当時の最も卓越した観測天文学者であり王室天文学者であったジョン・フラムスティードに，可能な限り多くの観測データを提供してくれるよう，熱心に働きかけた。そればかりか，ニュートン自身が，真剣に，光学実験，化学実験を始めとする，いろいろな科学実験を行なった。ニュートンが錬金術を信奉しており，真剣に錬金術の実験を行なっていたことは，周知のとおりである。

＊3　ガリレオの慣性運動についての考えそのものは，ジャン・ビュリダンやニコル・オーレムのインペトゥス理論の影響を受けて形成された。Cf. Thomas S. Kuhn, *The Structure of Scientific Revolutions*, 4th edition, The University of Chicago Press, Chicago and London, 2012, pp. 119f., pp. 124f.

第 2 章

カントの合理的心理学批判と
彼の超越論的自我論

序　論

　それに基づいて我々がカントの自我論を分析しようとしている前章「デカルトのコーギトー命題と彼の自我論の特性」において，我々は，認識論におけるコペルニクス的転回を通してカントが西洋近代哲学の自我論を完成の域に到達させた，すなわち精神の実体性の理論から超越論的自我の理論への，パラダイムシフトを達成したということを，強調した。本章においては，我々は，『純粋理性批判』第一版の「純粋理性の誤謬推理について」の章を分析することによって，カントの超越論的自我論を究明することとする。

第1節　「(蓋然的に解された)「我思惟す」という命題」という語句

　誤謬推理論の導入部には，「(蓋然的に解された)「我思惟す」という命題」(A347/B406) という込み入った語句が記されている。この語句は，合理的心理学についてのカントの考えと緊密に関連して使用されている。カントは「我思惟す」という命題を，「合理的心理学の唯一のテキスト」と考えている。彼は，以下のように述べている。

　「それゆえ，我々は，「我考う」という唯一の命題の上に築かれている，いわゆる学問なるものを既に目の辺りにしているのである。そして，我々はここで，そのいわゆる学問なるものに根拠があるのか根拠がないのかについて，極めて適切に，そして超越論的哲学の本性に適合して，研究することができる。私は，私自身〔について〕の知覚を表現するこの命題において，内的経験を有するのであるが，それゆえ，その上に〔=「我考う」という命題の上に〕構築される合理的心理学は，決して純粋ではなくて，部分的には経験的原理を基礎としているのではないか，ということに拘ってはならない。なぜなら，この内的知覚は，「我考う」という単なる統覚以外の何ものでもないのであるから。「我考う」というこの単なる統覚は，すべての超越論的概念さえをも可能に

32

するのであり，それらの超越論的概念において，「実体，原因，等々を「我考う」と言表されるのである」（A342f./B400f.）。

「それゆえ，「我考う」は，合理的心理学の唯一のテキストであり，合理的心理学はそこからそれの全知識を紡ぎ出さなければならない」（A343/B401）。

カントは，「合理的心理学の唯一のテキスト」としての「我思惟す」と超越論的統覚「我思惟す」の「我思惟す」とを，必ずしも同一視しているわけではない。後者は，超越論的統覚の**我**の自己意識を表している。それゆえ，それは，その自我自身の存在の自己意識，すなわち，デカルト的意味での「我在り，我存在す」を含んでいる。他方，「我思惟す」は，それが「合理的心理学の唯一のテキスト」と解される限りでは，自己意識一般の論理的定式を指し示すにすぎない。カントは言う。「「我思惟す」という命題は（蓋然的に解された場合）悟性一般のどのような判断の形式をも含み，すべての範疇にそれらの乗り物として随伴する」（A347/B406）。誤謬推理論の章において，カントは，彼の自我論的置き移しの理論（the theory of egological transference）を用いて，他我についての我々の表象の認識論的説明を与えることをも意図している。彼は，次のように述べている。

「しかし，その下において私が一般に思惟する諸条件，それゆえ単に私の主観の性質である諸条件が，同時に，思惟するすべてのものに適用されるはずである，そして，我々が，経験的と思われる命題に基づいて，一つの確然的で普遍的な判断，すなわち，思惟するすべてのものは，自己意識の陳述が私に告げるのと同じ性質である，という判断を下すことを敢行するのは，初めから奇異に思われるに違いない。しかし，その理由は，我々が，それの下においてのみ我々が諸事物を思考するところの諸条件を形成する，一切の特性を，ア・プリオリに諸事物に，必然的に付与しなくてはならない，ということに存する。さて，私は，思惟する存在者について，外的経験を通してではなくて，自己意識を通してのみ，それなりの表象を持ち得るのである。それゆえ，このような諸対象は，私のこの意識〔＝「自己意識」〕の他の諸物の上への置き移し〔によって

表象されるもの〕以上の何ものでもなく，それによってのみ〔すなわち，「私のこの意識〔＝「自己意識」〕の他の諸物の上への置き移し」によってのみ〕他の諸物は思惟する存在者として表象されるのである」（A346f./B404f.）。

　この論述の直後で，カントは次のように言う。「しかしながら，「我思惟す」という命題は，この過程においてはただ蓋然的に使用されるだけである」（A347/B405）。「意識一般」（ein Bewußtsein überhaupt）という概念が最初に現れるのは，『プロレゴーメナ』においてである。しかしながら，「意識一般」の概念は，『純粋理性批判』第二版には採り入れられていない。他我（alter ego）が「我思惟す」の自我を他の知性的存在者への置き移しとしてのみ表象されるものである限り，他我の「我思惟す」が蓋然的命題でしかないことは，明らかである。「超越論的心理学の第二の誤謬推理の批判」で，カントは，以下のように述べている。

　「人が一個の思惟する存在者を表象しようと欲するときには，人は己自身をその存在者の位置に据え置かなければならなず，それゆえ，人が考量しようとしている客観に彼自身の主観をすり替えなければならない（このようなことは他のいかなる種類の研究においてもないことである）ということ……は，明らかである。我々が思惟する存在者を表象することを欲するならば，我々は我々自身をその存在者の立場に置いて，いわば我々自身の主観を，考察されなくてはならない客観に置き換えなくてはならない（そのようなことは，他のどのような種類の研究においても決して起こらない）ということは，明白である。云々」（A353）。
　「それゆえ，前の誤謬推理〔すなわち，実体性の誤謬推理〕におけるのと全く同様に，ここでは，「我考う」という統覚の形式的命題が，合理的心理学がそれの認識の拡大をそれに基づいて敢行する，根拠のすべてである。この命題は，もちろん経験ではないが，統覚の形式であるゆえ，あらゆる経験に伴い，かつ，あらゆる経験に先行する。それにもかかわらず，それは専ら常に，可能的認識一般に関してそれの単に主観的な条件と見なされなければならない。我々は不当にもこの単に主観的な条件を諸対象の認識の可能性の条件に，すなわち，思惟する存在者一般の概

念にしてしまう。なぜなら，我々は，我々自身を〔「我考う」という〕我々の意識の定式と一緒に，あらゆる他の，知性を備えた存在者の位置に据え置くことなしには，思惟する存在者一般を表象することができないのだから」（A 354）。

彼の自我論的置き移しの理論に基づいて，カントは，我々の他我表象の〈超越論的論理学〉的根拠を，繰り返し説明している。カントは，「我々は，我々自身を〔「我考う」という〕我々の意識の定式と一緒に，あらゆる他の，知性を備えた存在者の位置に据え置くことなしには，思惟する存在者一般を表象することができない」ことを指摘する。カントによれば，上述の自我論的置き移しを使用することなしには，我々は他我，すなわち自分自身を除くどのような他の思惟する存在者をも表象することができない（A347/B405をも参照）。

『純粋理性批判』第一版の「悟性の純粋な諸概念の演繹について」の章においては，カントは超越論的統覚を「我思惟す」という定式に定式化していなかった。超越論的統覚についてのカントの概念は，必ずしも「我思惟す」と同一ではないように思われる。カントは超越論的統覚ないし根源的統覚を，超越論的演繹論に固有の自我論的演繹を用いて，思惟する存在者の最も根本的な精神的能力として演繹した。カントの認識論によれば，あらゆる思惟する存在者が共通の超越論的統覚を備えている。しかしながら，普遍的表象として把握された超越論的統覚という考えは，カントの自我論的置き移しの理論の中に組み入れられていない。これが，カントが「我思惟す」を単に蓋然的命題と規定するゆえんである。

第2節　超越論的人格性の概念

「超越論的心理学の第三の誤謬推理の批判」の章で，カントは，次のように述べている。

「それにもかかわらず，実体や単純なものの概念と同様に，人格性の概念もまた，（それが単に超越論的である限り，すなわち，その他の点では我々には知られていないが，しかしそれの諸規定においては〔＝それ

を規定すると〕統覚による汎通的結合であるところの主観の統一である限り）存立し得る。そして，その限りこの概念は実践的使用のためにも必要であり，かつ十分である」（A365）。

　カントのこの記述に基づいて，和辻哲郎は，「カントにおける「人格」と「人類性」」と題する卓越した論文を著した。同論文の中軸概念は，「超越論的人格性」である。カント自身は，初期の著述を別にすれば，「超越論的人格性」という術語を使用していないけれども，「その他の点では我々に知られていないが，しかしそれの諸規定においては統覚による汎通的結合であるところの主観の統一〔という人格性の概念〕」という言い回しで考えられているのは，「超越論的人格性」の概念に他ならない。「統覚による汎通的結合」による「主観の統一」が統覚の超越論的統一を意味していることは，明白である。そして，統覚の超越論的統一は，「超越論的主観」の認識論的機能に基因している。さらに，「主観の統一」（統覚の超越論的統一）に基づく「人格性」の概念は，「超越論的主観」の概念を意味している。それゆえ，「超越論的人格性」は，本質的に，超越論的諸理念の一つと規定され得る「超越論的主観」に他ならない。さらに，カントは，「この〔人格性の〕概念は実践的使用のためにも必要であり，かつ十分である」と主張している。

　上述の論文において，和辻哲郎は，「人格における人類性」（『人倫の形而上学の基礎づけ』参照）を超越論的人格性と同一視している。彼は，「人格における人類性」の普遍性を強調する。「人格における人類性」が人類性一般，すなわち人類としての人間存在に共有されている人類性に他ならないという考えは，和辻の独創的な考えである。しかしながら，彼は，人格の個別性ないし個体性をも強調する。和辻によれば，**人格は心理学的自我と身体我**から成り立っている。**心理学的自我**は，時間（すなわち，内的感官の純粋形式）を通しての**超越論的人格性**の現象態であり，**身体我**は，空間（すなわち，外的感官の純粋形式）を通しての**超越論的人格性**の現象態である。このような考え方に基づいて，和辻は，カント的意味での**人格**の個別性／個体性を存在論的に論証した。

　第一版の誤謬推理の章の最後の段落で，カントは，「「我在り」という

36

個別的表象（die einzelne Vorstellung, Ich bin）」（A405）という少し特異な語句を用いている。カントによれば，「我思惟す」は，それが「統覚の作用（Actus der Apperzeption）」（cf. B137）と見なされる限り，「我在り」と完全に同義である。カントは言う。「デカルトの推理として知られている，'cogito, ergo sum' は，実際には，同義語の反復命題である。なぜなら，'cogito (sum cogitans)' は私の実在性を直接に言表しているのであるから」（A355）。「我在り」だけでなく，「我思惟す」も，「個別的表象」である。それゆえ，我々は，「「我在り」という個別的表象」という語句の中の「我在り」を，「我思惟す」に置き換えることができる。超越論的人格性は，超越論的統覚「我思惟す」の**我**に他ならない。そして，この場合，「我思惟す」と「我在り」とは，実質的には同一の表象である。あらゆる思惟する主観が彼／彼女の超越論的人格性の実在性と個別性／単一性を直接に認識できるということは，明白である。

第3節　心理学的理念の特異性

　デカルトの「我思惟す。ゆえに我在り」という命題が同義語の反復命題である限り，超越論的統覚「我考う」における自己意識が各自の存在の意識を包含していることは，確かである。さらに，カントは，超越論的統覚に言及する際，しばしば「我考う」を「我在り」に置き換えて，次のような言い回しをも用いている。「私のすべての判断及び私の悟性のすべての作用に随伴する「我在り」という表象における，我の存在の**知性的意識**をもって……」（Bxl fn）。それにもかかわらず，第一版の誤謬推理論の章においては，カントは，「我思惟す」の存在の諸特徴について明確には言及していない。誤謬推理論の章の序論的諸段落においてのみ，彼は，純粋統覚「我思惟す」の**我**の存在の自己知覚に言及している。そこで述べられている，純粋統覚「我思惟す」の**我**の存在の自己知覚は，第二版の誤謬推理論の章の 421 ページから次のページにかけての段落に施された脚注の中で述べられている「無規定の知覚」と同一であるように思われる。その脚注において，カントは言う。「無規定の知覚は，ここでは，単に或る実在

的なもののみを意味する。その或る実在的なものは，単に思惟一般に対して与えられており，それゆえ現象でもなく，また物自体（Noumenon）でもないが，実際に存在しており，「我思惟す」という命題において一般的に指示されている或るものである」（B432 fn）。我々は，この脚注が，「「我思惟す」は，既述のように経験的命題であり，「我存在す」という命題をそれ自体の内に包含している」（B422 fn）という文章で書き始められているということを，看過してはならない。この脚注においては，カントは，「我思惟す」という命題を「存在命題」と規定している。そこではカントは「我思惟す」の**我**の知性的本質（intellectuality）を主張しているけれども，「我思惟す」の**我**の叡知的本質（intelligibility）を解明することを志向してはいない。『純粋理性批判』第二版において，とりわけ「観念論論駁」及びデカルトの省略三段論法の隠れた大前提に関する論議（B415ff.）において，カントは，「我思惟す」を経験的命題と考えている。「我思惟す」の**我**を「或る実在的なもの」と把握して措定される，そのような存在命題は，我々がカントの超越論的人格性の概念に基づいて説明しようとしている存在命題とは，本質的に異なったものである。

　和辻は，カントの超越論的人格性の概念を，カントの「超越論的心理学の第三の誤謬推理の批判」についての彼の解釈へ，ハイデガーの基礎的存在論を導入することによって，解明した。和辻によれば，**超越論的人格性は存在**（Sein）であり，**人格は存在するもの**（das Seiende）である。**超越論的人格性が存在**である限り，「我思惟す」は存在命題と考えられなくてはならない。なぜなら，**超越論的人格性**は，超越論的統覚「我思惟す」（ないし「我在り」）の**我**に他ならないからである。超越論的統覚としての「我思惟す」は，それ自体のうちに，真正の存在命題である「我在り，我存在す」を包含している。

　「**思惟する主観の絶対的（無制約的）統一**」（A334/B391）と規定される，**心理学的理念**は，超越論的主観，すなわち，超越論的統覚の**我**はそれ自体が，「思惟する主観の絶対的統一」，すなわち「超越論的理念」であるという点において，特異性を具有している。超越論的**自我**それ自体を超越論的心理学の認識の対象として認識することは不可能であるけれども，超越論

的**自我**それ自体，すなわち，超越論的統覚の**我**は，思惟する主観として現実に存在している**我**に他ならない。それゆえ，我々は，思惟する主観の超越論的統一を，自分自身の統覚の超越論的統一において直接に認識することができる。*1 人間の精神的能力を批判することによって，カントは，「学問としての形而上学」（B22）が可能でないということを解明した。合理的心理学の可能性は，カントによって拒絶された。それにもかかわらず，我々は，我々自身の人格において超越論的人格性を意識することができる。それゆえ，我々は，我々の自己意識を通して，〈超越論的論理学〉的に演繹された心理学的理念としての超越論的主観の現実性ないし実在性を意識することができる。我々は，我々の精神の働きを通して，思惟する主観の絶対的統一の現実性を直接に認識することができる。「超越論的弁証論」の「超越論的諸理念の体系」の中に，我々は，次のような記述を見いだす。「……我々に経験において直接に与えられているものから出発することを我々に可能にさせるものとして，我々の大きな計画を遂行するという目標のために——我々は**霊魂に関する学問**（〔合理的〕心理学）から前進して，それから次へと進む……」（A337/B395）。デカルトの「我思惟す。ゆえに我在り，あるいは我存在す（Ego cogito, ergo sum, sive existo）」（AT Ⅵ, 558, Ⅶ, 140）は，厳密な意味において存在命題である。そして，この存在命題は，非 - 経験的な綜合命題である。我々は，この存在命題によっては霊魂の不死性を証明することはできない。それにもかかわらず，この存在命題は，「我思惟す。ゆえに我在り，あるいは我存在す」の**我**の個別性，すなわち，カントの「「我在り」という個別的表象」という言い回しに表現されている，**我**の個別性を指し示している。

第4節　単純性の誤謬推理の特異性

　霊魂の単純性の誤謬推理の特異性を解明するために，我々は，「或る実在的なもの」という，カントの用語法に言及したい。例えば，第一版の誤謬推理論の章で，カントは，「統覚は或る実在的なものであり，それの単純性はそれの可能性の内に既に包含されている」（B419）と言う。先に述

第2章　カントの合理的心理学批判と彼の超越論的自我論　*39*

べたように，カントは，心理学的理念を，「思惟する主観の絶対的（無制約的）統一」と規定する[*2]。しかしながら，「思惟する主観の絶対的統一」は，「統覚の根源的綜合的統一」（B131）とは異なるものである。なぜなら，後者は，「（単に論理的であるにすぎないけれども）絶対的な統一」（A355）あるいは「絶対的な，しかし論理的な，主観の統一（単純性）」（A356）とも表現される，単に論理的統一であるにすぎないからである。それにもかかわらず，「思惟する主観の絶対的統一」と「統覚の根源的綜合的統一」とは，顕著な類似性を持っている。カントが「単純性の第二の誤謬推理」を「純粋心理学のすべての弁証論的推理のアキレス」（A351）と特徴づけ，「「我は単純である」という命題」（A354f.）を「合理的心理学の枢軸命題」（A357）と特徴づけるゆえんである。

思惟する主観の無制約的統一の区分を記した表に付せられている脚注で，カントは，「単純なもの」（ないし単純性）の「実在性の範疇」（A404）への対応関係を述べている。第一版の誤謬推理論の章においても，彼は〈超越論的論理学〉的に，超越論的統覚の表象「我思惟す」は，実際に単純である，或る実在的なものを包含しているということを，想定している。「我思惟す」が，超越論的統覚の**我**の実在的単純性を指し示す，或る実在的なものを包含している限り，「我思惟す」は本質的に存在命題であるはずである。確かに，『純粋理性批判』第一版においては，「我思惟す」は，顕在的に存在命題と特徴づけられているわけではない。しかしながら，第一版においても，カントが潜在的に「我思惟す」を存在命題と受け止めていることは，確かである。「超越論的心理学の第二の誤謬推理の批判」において，カントは，以下のように述べている。

「「我は単純である」という命題は，統覚の直接的表現と見なされなくてはならない。ちょうど「我思惟す。ゆえに我在り」という，世にいうデカルトの推理が，「我思惟す」〔換言すれば〕我，思惟して，在り）〔という命題〕は現実性を〔したがって，「我在り」という存在命題を〕直接，述べているゆえ，実際は同義語の反復命題であるのと同様に。「我は単純である」〔という命題〕は，しかし，「我」というこの表象は多様なものを少しも含んでいないということ，そして，「我」というこの表

象は絶対的な（ただし単に論理的な）統一である，ということ以上のことは意味しない」（A354f.）。

「我思惟す。ゆえに我在り」という命題は同義語の反復命題にすぎないけれども，「我思惟す（cogito）」は，本質的に，「我，思惟して，在り（sum cogitans）」を意味する。それゆえ，「我思惟す（Ich denke）」（cogito, すなわち ego cogito）を存在命題と理解することは，不可能でない。超越論的統覚「我思惟す」の**我**の単純性は，論理的単純性にすぎない。しかしながら，超越論的統覚の**我**が現実に存在する**我**である限り，我々は思惟する主観の絶対的統一を，自分自身の存在の自己意識を通して認識することの可能性を否定することはできない。そして，超越論的統覚の**我**はそれ自体，心理学的理念としての超越論的主観である。確かに，思惟する主観の絶対的統一は，超越論的理念にすぎない。しかしながら，超越論的統覚の**我**がそれ自体，超越論的主観である限り，超越論的統覚「我考う」における自己意識は，それ自体，超越論的主観の現実性／実在性の意識，換言すれば，思惟する主観の絶対的統一が現前していることの意識に他ならない。心理学的理念は単なる理念であるが，しかし超越論的主観の現実性（実在性）を伴っている理念である。カントによれば，「主観の絶対的な，しかし論理的な，統一（単純性）」は，「私の主観の現実的単純性」とは本質的に異なる（A356）。しかしながら，カントは，超越論的主観の現実的単純性は，心理学的理念そのものに他ならない思惟する主観の論理的単純性と，少なくとも超越論的存在論の次元において緊密に連関しているということを，想定している。カントは言う。「それ〔＝思考，すなわち，純粋統覚の形式的**我**（超越論的主観）に付着している**我**〕は，或るもの一般を意味するが，それの表象は疑いなく単純であるに違いない。なぜなら，この或るものにおいては我々は何事をも規定することがないし，また，何ものも，単なる或るものの概念を通してよりもさらに単純に表象されることはできないからである*³」（A355）。

我々は，さらに，「我思惟す。ゆえに我在り」という命題の存在命題的側面についての我々の見解を述べておこう。『純粋理性批判』第一版においても，カントは，デカルトの「我思惟す。ゆえに我在り」という命題を

第2章　カントの合理的心理学批判と彼の超越論的自我論　*41*

存在命題と理解して，「我思惟す」の**我**を現実に存在している**我**と理解している。それゆえ，カントにとっては，超越論的主観そのものも，実際に存在している主観である。さらに，超越論的統覚の**我**と，実際に存在している主観としての超越論的主観は，共に，個人的で個別的な自我と理解されなくてはならない。なぜなら，存在している自我はすべて，現実に個人的で個別的であるはずであるのだから。[*4] したがって，我々は，超越論的主観の個人性，個別性を直接に認識することができる。我々は，超越論的主観の個別性，すなわち超越論的統覚の**我**の個別性が，霊魂の単純性という心理学的理念，すなわち「思惟する**我**」（A351）の単純性という心理学的理念と形而上学的に連関しているということを，否定することはできない。

第5節 「内属の主観」としての超越論的主観

「超越論的心理学の第二の誤謬推理の批判」において，カントは，「或るもの一般（超越論的主観）」という，少し特異な語句を用いている。霊魂の単純性の誤謬推理に関して，カントは，以下のように述べている。

「それゆえ，これ程有名な心理学的証明も，全く，一個の人格に関してただ〔'denken' という〕動詞を支配するだけの，一つの表象の不可分な統一を基礎としているにすぎない。しかし，内属の主観は思考に結びつけられた**自我**によって超越論的に表示されるにすぎず，その際，その主観の固有性を全く認めることもなく，あるいは一般にこの主観について何か或るものを見抜いたり知ったりすることもないということは，明らかである。それ〔＝内属の主観〕は或るもの一般（超越論的主観）を意味するが，それの表象〔＝「或るもの一般（超越論的主観）」という表象〕はもちろん単純でなければならない。というのも，確実に，単なる或るものという概念によってよりもより単純なものとして表象され得るものは何もないのだから，まさに，人は或るもの一般に関しては全く何も規定しないがゆえに……」（A355）。

この論述において，「表象の不可分の統一」は，もちろん，「「**我思惟す**」という統覚の形式的命題」の**我**の不可分の統一を意味する。それにも

42

かかわらず,「一個の人格に関してただ動詞を支配するだけの」という文節は,「超越論的心理学の第二の誤謬推理の批判」に特有な,「我思惟す」についての例外的な考え方を表現している。「超越論的心理学の第二の誤謬推理の批判」においては,「我思惟す」は,超越論的主観を指し示す表象と理解されているのではなくて,「動詞」('das Verbum')のみを支配する表象,すなわち「内属の主観」と定義される超越論的主観の内属のみを支配する表象と理解されている。右の論述によれば,「思考に結びつけられた〔形式的〕**自我**」は,直接的には,超越論的統覚「我思惟す」,すなわち超越論的主観と同一ではない。*5 先行する,「しかしながら,我々は,このような学問の基礎として,単純な,それ自体では全く空虚な,それについては我々はそれが概念であるということを言うことはできず,それがすべての概念に伴う単なる意識であるということのみを言うことができる,「**我**」という表象をしか用いることができない。思惟する,この我,あるいは彼,あるいはそれ(das Ding)によっては,思考の超越論的主観 = x を超えるものは,何も表象されない。この主観は,それの述語である思考を通してのみ知られるのであって,それらの述語を離れては,我々がそれについての概念を持つことは全く不可能である。……」(A345f./B403f.)という論述によれば,「思考に結びつけられた**自我**」に他ならない「単純な,それ自体では全く空虚な……「**我**」という表象」は,「思考の超越論的主観」と理解されることはできない。しかしながら,「それの述語である思考〔すなわち,超越論的主観の述語〕」は,単に超越論的にのみではあるが,「思考の超越論的主観 = x」を指し示すのである。

「超越論的主観 = x」の概念が,「単なる或るもの」とも呼ばれる「或るもの一般(超越論的主観)」の概念に対応することは,明白である。「すべての対象一般をファエノメナとノウメナに区別することの根拠について」の章において,カントは,**物自体**(Dinge an sich selbst)を,以下に列挙するような様々な表現法を用いて規定することを,試みている。すなわち,「しかしながら,この或るものは単に超越論的対象であるにすぎない。そして,その或るものによって想念されるのは,我々が我々の悟性が現に備えている機制をもってしてすら,何も認識することのできない或るも

の＝xにすぎない。云々」（A250）。あるいは，「諸範疇は悟性にのみ与えられる特殊な客観を表象するのではなくて，単に超越論的客観（或るもの一般の概念）を，我々に感性において与えられているものを通して規定することに役立つにすぎない。云々」（A251）。あるいは，「我々は，現象という言葉そのものが，それについての直接的表象は疑いなく感性的であるが，それにもかかわらず（我々の直観の形式がそれに基づいている）我々の感性のこの機制なしにさえも，それ自体或るものであるはずである或るもの，すなわち我々の感性から独立の客観への連関を指し示している」（A252）。あるいは，「〔ヌーメノンの概念は〕……それにおいては私が感性的直観の形式を捨象する，単に或るもの一般についての思惟を意味するにすぎない」（A252）。（これらの場合においては，「或るもの」ないし「或るもの一般」はヌーメノン，すなわち物自体を意味するのであるが，それは第一版の誤謬推理論の章においては，一般に「超越論的対象」と呼ばれている）。[*6]

　したがって，「超越論的心理学の第二の誤謬推理の批判」においてなぜカントが「或るもの一般（超越論的主観）」という語句を用いたのかは，明らかである。しかしながら，我々は，「〔超越論的〕主観についての表象の単純性」についてのカントの論証の曖昧さを否定することはできない。我々は，とりわけ，「単なる或るものという概念によってよりもより単純なものとして表象され得るものは何もない」というような見解における首尾一貫性の欠如を否定することはできない。[*7]

　既述のように，「内属の主観」は「超越論的主観」に他ならない。カントは，「内属の主観」を「思考に結びつけられた**自我**」と区別する。後者は「我思惟す」という純粋統覚の形式的命題の自我，すなわち純粋な自己意識の論理形式の，形式的な自我にすぎない。この自我は，「完全に空虚な表現：我（我々はこれをすべての思惟する主観に適用することができる）」（A355）とも呼ばれる。[*8]「超越論的心理学の第二の誤謬推理の批判」において提示されているカントの自我についての考え方は，「内属の主観」（超越論的主観）と「思考に結びつけられた**自我**」（純粋統覚の単に形式的な自我）との認識論的差異をカントが想定しているということを，示

唆する。その際，カントは，霊魂の単純性を証明することの不可能性だけでなく，超越論的主観それ自体を超越論的心理学によって認識することの不可能性をも念頭に置いている。

第6節　諸実体のゲマインシャフトに関するカントの理論

　思惟する**我**と物体に共通する「超越論的客観」の概念，すなわち「超越論的心理学の第二の誤謬推理の批判」において提示されている，そしてデカルトの精神と身体の結合の問題と本質的に連関している叡知的基体の概念は，「これらの誤謬推理の帰結における，純粋心理学の総括についての考察」（A381–396）における論証に受け継がれている。我々は，カントがそこで彼の超越論的観念論の思想を詳述することを企図している「超越論的心理学の第四の誤謬推理の批判」と，「これらの誤謬推理の帰結における，純粋心理学の総括についての考察」との注目すべき関係性を看過してはならない。彼の超越論的観念論の思想に基づいて，カントは，諸実体のゲマインシャフトの可能性についての彼の理論を展開する。第一版の誤謬推理論の章においては，思惟する自我と人間の身体との間のゲマインシャフトの問題は，最終的には超越論的主観と感性界との間のゲマインシャフトないし関係性の問題に転換している。そして，感性界は，我々の自然科学研究の諸対象の総括に他ならない。周知のように，カントは，精神と身体の間の結合の可能性についての伝統的な問題を，ライプニッツの予定調和説の影響を受けて，諸実体一般のゲマインシャフトの可能性についての問いに一般化した。ゲマインシャフト理論の問題についての論点の，心身問題から，思惟する自我と感性界とのゲマインシャフトの可能性についての問題への移行は，彼の超越論的観念論の思想を敷衍しようとするカントの志向と，緊密に連関している。心身問題に関して，カントは，彼の超越論的観念論に基づいた，彼の固有の意見を提示している。カントによれば，精神の身体との結合を形而上学的に基礎づけることが困難であるのは，身体ないし物体が超越論的自我の表象であるということに思い及ばない超越論的実在論に起因する（A389ff. 参照）。精神と身体との結合に関する従前

の一切の理論，すなわち物理的影響説，予定調和説，超自然的助力説は，カントによって，一まとめにして退けられる（cf. A390）。彼は，以下のように述べている。

「それゆえ，思惟するものと延長を有するものとのゲマインシャフトに関しての悪評のある問いは，我々がすべての空想的なものを捨象するときには，ただ，**いかにして思惟する主観一般において，外的直観**，すなわち空間の直観（形態及び運動という，空間の充満の〔直観〕）**は，可能であるか**，という問いに帰着するであろう。しかし，この問いには，人間は誰も，答えを見いだすことができない。我々には，我々の知識のこの間隙を充填することはできない。我々にできるのは，我々が外的諸現象を，この種の表象の原因である超越論的対象に帰属させることによって，我々は超越論的対象については何も知っていないし，いつかそれについての何らかの概念を獲得することもないであろうことを，指示することだけである」（A392f.）。

この引用文に続く段落において，カントは再び，思惟するものと延長を有するものとの間の可能的ゲマインシャフトについての問題，すなわち「思惟する存在者と延長を有する諸存在者とのゲマインシャフト」（A393）についての問題に言及している。彼は，以下のように述べている。

「思惟する本性の，このゲマインシャフト（生）以前の状態，あるいは，このようなゲマインシャフトが終了した（死において）以後の状態に関しての，一切の論争あるいは異議の解決は，思惟する存在者と延長を有する諸存在者とのゲマインシャフトに関しての，これらの留意事項から直接に帰結する。云々」（A393 f.）。

諸実体のゲマインシャフトについての問題に関するカントの論点が，ここにおいて，思惟する主観（超越論的主観）と彼／彼女の身体（人間の身体）とのゲマインシャフトについての問題から，**思惟する主観と延長を有する事物一般**との相互作用についての問題，すなわち**超越論的主観**と，延長を有する事物の総括としての**物体的世界**，すなわち**感性界**としての**自然界**とのゲマインシャフト（結合ないし関係性）についての問題へと，完全に転換していることが，明らかである。しかし，思惟する主観と物体的世

界との間の結合ないし関係性について，彼の超越論的観念論に基づいて基礎づけることに関するカントの論議を解釈することは，本研究の課題ではない。

結　論

　本章において，我々は，『純粋理性批判』第一版の誤謬推理論の章を分析することによって，カントの超越論的自我についての理論を解釈することを試みた。我々は，心理学的理念（超越論的主観）が，我々がそれの現実性を直接に意識し得る，超越論的統覚の自我に他ならないことを解明することによって，心理学的理念の特異性を証明した。このようにして，我々は，カントの超越論的自我の概念の，超越論的並びに存在論的特性を解明するに至った。

注

＊1　「超越論的心理学の第二の誤謬推理の批判」で，カントは言う。「私が自我を通して，常に，主観の絶対的な，しかし論理的な統一（単純性）を思念することは確かであるが，しかし，私はそれによって，私の主観の現実的単純性を認識するのではない」（A356）。統覚の超越論的統一は，「主観の絶対的な，しかし論理的な統一（単純性）」である。統覚の超越論的統一は，思惟する自我の現実の，実体的な統一を意味するのではない。それにもかかわらず，我々は，カントが，統覚の超越論的統一と，思惟する自我（超越論的主観）の仮想的な実体的統一との超越論的連関を考慮に入れて，霊魂の単純性の誤謬推理の批判を展開していることを，否定することはできない。

＊2　第一版の誤謬推理論の結びの部分（A396–405）で，カントは，「思考一般の諸制約の綜合」（cf. A397）における**無制約的統一**についての区分表（A404）を提示している。その区分表では，霊魂の単純性の誤謬推理に対応する**無制約的統一**は，「**質**の無制約的統一，／すなわち／実在的全体としてではなく，／**単純なもの**としての，〔自己自身〕」と定義されている。

＊3　カントは，「しかし，主観の単純性についての認識は，だからといって，主観そのものの単純性についての認識であるわけではない」（A355）ということを，強調する。我々は，統覚の論理的な，単に形式的な統一を，思惟する主観の絶対

的，必然的な統一，すなわち，超越論的主観の実体的な単純性と見なすことはできない。ただし，第二版の誤謬推理論で言及されているように，「統覚は或る実在的なもの（etwas Reales）である。そして，統覚の単純性は，既に統覚の可能性のうちに存している」（B419）。『純粋理性批判』第二版においても，カントが純粋統覚「我考う」の**我**を，「純粋に知性的な〔表象〕」（B423 fn）と考えていることは，看過されてはならない。『純粋理性批判』の第一，第二の両版で，カントは，純粋統覚「我考う」の**我**の実在性・現実性に思考を巡らせ，純粋統覚「我考う」の**我**の実在的・現実的単純性に思考を巡らせているように，思われる。それゆえ，〈超越論的論理学〉的には，純粋統覚「我考う」の**我**の単純性を，「思惟する主観の絶対的（無制約的）統一」，すなわち心理学的理念そのものと，潜在的に関連を有するもの見なすことは，不可能ではない。

＊4　『純粋理性批判』では，「我考う」という語句は，しばしば，「我在り」という語句に置き換えられている。例えば，カントは，次のように記述している。「それゆえ，純粋心理学の諸主張は当然，思惟する諸本性一般についての諸原理，普遍的諸概念の上に確立されていなければならないであろう。〔しかし，実際には〕その代わりに，「我在り」という個別的表象が純粋心理学の諸主張を残らず支配しており，この表象はまさにそれが私のすべての経験の純粋定式を（無規定的に）表現しているがゆえに，すべての思惟する存在者に適用される一つの普遍的命題であるかのように名乗り出，そして，この命題はそれにもかかわらずあらゆる意味において個別的であるので，思惟一般の諸条件の絶対的統一という仮象を帯びており，そして，それによって，可能的経験が到達し得る以上に己を拡張するということが，明らかになる」（A405. cf. B404）。

＊5　それとは対照的に，第二版の誤謬推理論においては，カントは，そこでは経験的命題と考えられている「我考う」は，思惟する自我の実在性・存在を直接的に指意している，と明言する。カントは言う。「「我考う」は，既述のように，経験的命題であり，そして，「我存在す」という命題をそれ自身のうちに含んでいる」（B422 fn）。そして，彼は，「「我考う」という命題」を，「存在命題」と規定する（B422f. fn）。さらに，彼は，「我考う」の**我**の実在性・存在が「或る実在的なもの（etwas Reales）」（B423 fn）と性格づけられ得るものであることを，主張する。「或る実在的なもの」は，別の局面において，「無規定の知覚（[e]ine unbestimmte Wahrnehmung）」（ibid. fn）とも規定されている。

＊6　我々は「超越論的客観」という語を，通例，「超越論的主観」の対義語として用いる。しかし，カントは「超越論的主観」と「超越論的客観」を，必ずしも明別していないように，思われる。「超越論的心理学の第二の誤謬推理の批判」で，彼は，次のように記述している。
「しかし，延長，不可入性，凝集と運動，短言すれば，我々に外的諸感官が提供

し得るものはすべて，思考，感情，傾向性，あるいは決心ではないであろうにも
かかわらず，あるいは，そのような，決して外的直観の諸対象ではないものを含
むことはないであろうにもかかわらず，外的諸現象の基礎になっているまさにそ
の或るもの，〔すなわち〕我々の感官を，それが空間，物質，形態等々の諸表象
を獲得するように触発するところのものは，それがヌーメノン（あるいはより適
切には，超越論的対象）と見なされるならば，また同時に思考の主観であり得
るかもしれない」（A358）。カントは，「超越論的客観」が同時に「思考の主観」，
すなわち超越論的主観でもあり得るということの可能性に，思いを巡らせてい
る。さらに，「超越論的心理学の第二の誤謬推理の批判」では，カントは，「思惟
する自我，霊魂（内的感官の超越論的対象についての呼称）は，単純である」
（A361）という表現を用いている。「超越論的心理学の第二の誤謬推理の批判」
においては，それ以降，「超越論的主観」という言葉に替えて「超越論的客観」
という言葉が，ヌーメノンとしての思惟する**自我**に対しても用いられることにな
る。カントは，思惟する主観の「基体」と彼／彼女の身体の「基体」とは，恐ら
く同一のものである，と想定している。「超越論的心理学の第二の誤謬推理の批
判」の中で，カントは，次のように記している。「しかし，物質は単に外的現象
であり，それの基体は指定され得る述語によって認識されはしない。したがっ
て，私は，それの基体について，それはそれ自体，〔言葉の超越論的意味で〕単
純であり，それが我々の感官を触発する仕方において，我々の内に，延長を有す
るもの，したがって合成されたものの直観をもたらすにもかかわらず，それはそ
れ自体，単純であると想定することができる。それゆえ，我々の外的感官に関し
ては延長が帰属する実体には，それ自体に，それらに固有の内的感官によって意
識をもって表象されることのできる思考が内在するということを，想定すること
ができる。このようにして，一つの関連においては物体的と呼ばれるまさに同一
のものが，他の関連においては同時に思惟する存在者であるかもしれない。ただ
し，我々はその思惟する存在者の思考を直観することはできない。しかし，それ
の思考の兆候を直観することができる」（A359）。当該の段落は，次のように結
ばれている。「……反対に，一般的な言い回しどおりに，「人間が思惟する」と言
われることになるであろう。すなわち，「外的現象として延長を有しているまさ
に同一のものが，内的には（それ自体そのものとしては），合成的なものではな
くて，単純であり，思惟するところの主観である」と言われることになるであ
ろう」（A359f.）。それに続く段落で，彼は，以下のように記している。「しかし，
このような諸仮説を立てることによらなくても，人は一般に，私が霊魂を思惟す
る存在者自体そのものと解するときには，霊魂が物質（それは，決して物自体そ
のものではなく，我々の内なる諸表象の一種類であるにすぎない）と同じ種類の
〔もの〕であるか否かという問いは，それ自体既に不適切な〔問い〕であるとい

第2章　カントの合理的心理学批判と彼の超越論的自我論　*49*

うことに，気づくことができる。なぜなら，物自体そのものが，単にそれの状態を成す諸規定とは異なった本性の〔もの〕であるということは，既に当然のことであるのだから」（A360）；「しかし，我々が思惟する自我を物質と比較するのではなく，我々が物質と呼んでいる外的現象の基礎になっている叡知的なものと比較するならば，我々は後者〔＝その「叡知的なもの」〕については全く何も知っていないのであるから，霊魂がこの何か或るもの〔＝その「叡知的なもの」〕とどの点で内的に区別されるのかについて，明言することはできない」（ibid.）。最後の引用文では，「基体」という言葉は，物自体そのものを指意する「叡知的なもの」という言葉に置き換えられている。カントによれば，我々は，「叡知的なもの」／物自体そのものの次元においては，超越論的主観に他ならない思惟する**自我**は，「物質の基体」（A359）から区別され得ないという，形而上学的可能性を否定すべきではないのである。

＊7　ここでは，カントは，「単なる或るものという概念」と，「それ〔＝内属の主観〕は或るもの一般（超越論的主観）を意味するが，……」という文章との対応を考えて，「単なる或るものの概念」に言及している。カントが「単なる或るものという概念」，すなわち「或るもの一般」という概念を「超越論的主観」に適用しているのは，我々には，「超越論的主体」それ自体を認識することができないからである。「我考う」は，我々の純粋意識の論理形式であるにすぎない。「我考う」は，純粋統覚「我考う」の**我**の，論理的な，全く空虚な単純性を指意するだけである。カントは言う。「しかし，一つの主観についての表象の単純性は，それだからといって主観そのものの単純性の認識ではない。なぜなら，主観そのものがただ「自我」という，内容において全く空虚な表現（この表現を私はあらゆる思惟する主観に適用することができる）によって表示されるときには，主観そのものの諸固有性は全く度外視されるのだから」（A355）。

＊8　「我考う」についてのカントの考えは，必ずしも一義的ではない。「「我考う」という統覚の形式的命題」（A354）という言い表し方においては，「我考う」は，「統覚の形式」（ibid.），すなわち「我々の意識の公式」（ibid.）を意味するにすぎない。（「我々の意識の公式」という言葉は，次のような記述の中で用いられている。「我々は，我々自身を〔「我考う」という〕我々の意識の公式と共にあらゆる他の，知性を備えた存在者の位置に据え置くことなしには，思惟する存在者を表象することができない」（ibid.）。）ただし，我々が「我考う」を，「「我考う」という統覚の作用」（B137）と規定されることのできる，超越論的統覚の「我考う」と考える限り，「我考う」の**我**は，思惟するというそれの働きから，すなわち，「考う」という，それの動詞から区別されることは，できない。論理的には，我々が「内属の主観」を，「思考に結びつけられた自我（das dem Gedanken angehängte Ich）」（A355）から識別することは，どのようにしても不可能であ

50

る。

＊9　思惟する主観と物体的世界とのゲマインシャフトの問題についてのカントの
　　考えに関しては，以下の引用文をも参看されたい。「思惟する主観は諸物体との
　　一切のゲマインシャフトより前にも，思惟することができたという考えは，次の
　　ように言い表されるであろう。…… 霊魂は物体的世界との一切のゲマインシャ
　　フトの終結の後でもなお思惟し続けることができるという考えは，次のような形
　　で予示されるであろう。……」〔A393f.〕;「そのように，我々思惟する存在者の本
　　性と，物体的世界とのそれの結合に関する一切の論議は，我々が，それについて
　　我々が何も知っていないことに関して，その間隙を，我々の思考を事物化し，実
　　体化して，理性の誤謬推理によって充塡〔しようと〕することの帰結なのであ
　　る」（A395）。

第 2 章　カントの合理的心理学批判と彼の超越論的自我論　　*51*

第 3 章

カントの合理的心理学批判と
彼の自我論の存在論的側面

序　論

『純粋理性批判』第一版の「純粋理性の誤謬推理について」の章（誤謬推理論の章）におけるカントの主要な目標は，ライプニッツ－ヴォルフ学派の合理的心理学を徹底的に批判することであった。それとは対照的に，第二版の誤謬推理論の章におけるカントの主要な関心は，それに基づいて合理的心理学が構築されてきた「我考う」の存在命題的特性を指摘することである。本章においては，主に第二版の誤謬推理論の章を分析することによって，カントの自我論の存在論的側面を解明したいと思う。

第1節　コーギトー命題の存在命題的側面についてのカントの言及

「我考う」の存在命題的側面については，『純粋理性批判』第一版においてもしばしば言及されている。誤謬推理論の章は，第二版においては根本的に改訂されている。それにもかかわらず，誤謬推理論の導入部（A341–347/B399–406）は，最後の文への短い追加を除いては，全く改訂を施されていない。しかし，第二版の誤謬推理論の章においては，ライプニッツ－ヴォルフ学派の合理的心理学（psychologia rationalis）の批判は，限られた段落で，すなわち B406–413 で行なわれている。第二版の誤謬推理論の章においては，カントは主に彼の自我論を，デカルト及びデカルトの後継者たちの形而上学理論との結びつきにおいて展開することを，企図している。カントが誤謬推理論の上述の導入部においてさえも，各自の自分自身の自我の「内的感覚」に言及しているのは，注目に値する。カントは言う。

　「……私は，私自身〔について〕の知覚を表すこの命題において，内的経験を有するのであるが，それゆえ，その上に〔＝「我考う」という命題の上に〕構築される合理的心理学は，決して純粋ではなくて，部分的には経験的原理を基礎としているのではないか，ということに拘ってはならない。なぜなら，この内的知覚は，「我考う」という単なる統覚以

54

外の何ものでもないのであるから。「我考う」というこの単なる統覚は，すべての超越論的概念さえをも可能にするのであり，それらの超越論的概念において，「実体，原因，等々を「我考う」」と言表されるのである」（A342f./B400f.）。

ちょうどデカルトがコーギトー命題を「我思惟す。ゆえに我在り，あるいは我存在す」と定式化したように，思惟する自我そのもの（すなわち，「我考う」という思惟する自我の超越論的働きの意識）は，それ自身の内に，思惟する自我そのものの存在の自己知覚（すなわち，「我在り，あるいは我存在す」という事実の知覚）を包含している。我々は，カントが「内的知覚」（すなわち，「知覚一般」）と「経験的認識」とをはっきりと区別していることを，看過してはならない。

上引の論述は，次のように続いている。

「また，なぜなら，内的経験一般とそれの可能性，あるいは知覚一般と他の知覚へのそれの関係は，それらの何か或る特別な区別と規定が経験的に与えられていない限り，経験的認識と見なされることはできず，経験的なもの一般の認識と見なされなくてはならないのであり，〔したがって〕全く超越論的である，あらゆる経験の可能性についての研究に委ねられるべきものであるのだから。もし自己意識の普遍的表象〔＝「我考う」〕に知覚の対象（例えば，ただ快・不快）が少しでも付け加わるなら，合理的心理学は直ちに経験的心理学に変ずるであろう」（A343/B401）。

ここでは，「内的知覚」は，「知覚一般」あるいは「内的経験一般」と考えられている。「我考う」は超越論的統覚の純粋公式に他ならないけれども，それはそれ自身の内に，「自分自身についての〔内的〕知覚」を含んでいる。それが，カントが彼の自我論的置き移しの理論を考え出したゆえんである。「「我考う」という統覚の働き」（B137）を「意識一般」（『プロレゴーメナ』）に普遍化することは可能でないゆえ，カントは，「「我考う」という命題，（蓋然的に解された）」（A347/B406）という，少し込み入った語句を用いている。

第2節 「「我在り」という個別的表象」という語句

第一版の誤謬推理論の章の最後の段落で，カントが「「我在り」という個別的表象」（A405）という少し特異な語句を使用していることは，注目に値する。この語句は，カントの合理的心理学批判が，デカルトの自我論についての彼の考え方と緊密な連関においてなされていることを，示唆する。なぜなら，「「我在り」という個別的表象」とは，デカルトの「第二省察」で定式化されている「我在り，我存在す」に他ならないからである。第一版の誤謬推理論の章においては，カントは，彼が大学の形而上学の講義の教科書として使用したバウムガルテン『形而上学』でその形而上学理論，すなわちライプニッツ－ヴォルフ哲学の理論体系が詳細に叙述されている，ライプニッツ－ヴォルフ学派の伝統的な合理的心理学を批判することを意図している。ただし，我々は，カントがそこでデカルトの自我論を可能な限り受容しようとしていることを，否定することはできない。

「我在り，我存在す」（AT Ⅷ-1, 7, 9）だけでなく，「我思惟す。ゆえに我在り，あるいは我存在す」（AT Ⅵ, 558, cf. Ⅶ, 140）も，存在命題と性格付けられ得る。「我は思惟している。ゆえに我在り，あるいは我存在す」という命題は，思惟する自我の存在をはっきりと言い表している。『方法序説』で，デカルトは，次のように述べている。「そしてこの「私は考えている，だから私は有る」という真理はいかにもしっかりしていて，保証つきなので，〈懐疑論者たち〉のどんなに並みはずれた想定を残らず使ってもこれをゆるがすことができないのを見てとって，私はこの真理を，求めていた〈哲学〉の第一の原理として，懐疑なしに受け入れることができると判断しました」（『増補版 デカルト著作集』1, 39 ページ。AT Ⅵ, 32）。デカルトは「我思惟す。ゆえに我在り」（「私は考えている，だから私は有る」）という真理を，それが「〈懐疑論者たち〉のどんなに並みはずれた想定」に対しても維持され得るゆえ，「求めていた〈哲学〉の第一の原理」として受け入れた。「第一の原理」という語句がここでは，その上に真正な哲学が構築されるべき，アルキメデスの点という意味で用いられていることが，看過されてはならない。『省察』においては，「哲学の第一原理」

56

は，明確にアルキメデスの点と考えられている。デカルトは言う。「アルキメデスは，全地球を場所的に移動させるために，確固不動の一点以外には，何も求めていなかった。〔それゆえ〕確実で揺るぎないものをいささかなりとも何か私が見つけ出しさえすれば，大いなる希望をばこれまた抱いてよいはずである」（所雄章訳『省察』。『増補版 デカルト著作集』2, 37 ページ。AT Ⅶ, 24）。方法論的懐疑を遂行する極限で，デカルトは，「我在り，我存在す」という唯一の懐疑不可能な真理を，彼の哲学のアルキメデスの点として発見した。したがって，デカルトの「我思惟す。ゆえに我在り」という真理の発見は，本質的に，思惟する自我の存在の明証性ないし確実性の発見であった。[*1] その思惟する自我以外のものは，真の意味での哲学する営為の主体ではあり得ない。

「「我在り」という個別的表象」という語句においては，「我在り」という語は，「我考う」という純粋統覚の自我（すなわち「意識一般」の自我）の存在ないし実在性を表しているだけでなくて，個別的で個人的な自我の存在ないし実在性をも表している。このようにして，『純粋理性批判』第一版もまた，自我についてのカントの考え方の存在命題的側面，すなわち，彼の自我論の存在論的側面を示唆している。

第3節 「我考う」と内的知覚

誤謬推理論の章においては，超越論的統覚「我考う」と自分自身の自我の存在の内部知覚との区別は，必ずしも明瞭ではない。誤謬推理論の章の導入部を結ぶ段落の直前の段落で，カントは，次のように述べている。

「しかしこの際には，「我考う」という命題は，蓋然的に解されるにすぎないが，〔それは〕この命題が〔自我自身の〕現存についての知覚を含んでいるであろう点においてではなくて（デカルトの「我考う」〔は，自我自身の現存についての知覚を含んでいる〕），この命題の単なる可能性から見て，いかなる諸固有性がこのこれほど単純な命題からこの命題の主語（そのようなものが果たして存在するにせよ，存在しないにせよ）に生じるであろうかを見るためにである」（A347/B405）。

この引用文においては「デカルトの「我思惟す。ゆえに我在り」」が思惟する自我自身の「存在の知覚」を含む命題と考えられていることは，明白である。それが，先行段落でカントが「知覚一般」としての思惟する自我の「内部知覚」に言及しているゆえんである。とりわけ『純粋理性批判』第二版においては，「我考う」はしばしば「我在り」に置き換えられている。そのような場合には，「我在り」は，いかなる「内部知覚」も含まれていない超越論的な純粋統覚を表しているにすぎない。ただし，我々は，カントが「「我考う」という統覚の作用」もまた自己知覚，すなわち思惟する自我自身の「内部知覚」を表す存在命題であると考えていることを否定することはできない。

「超越論的演繹論」によれば，「「我考う」という統覚の働き」が，超越論的統覚の自我の存在の内部知覚をそれ自身のうちに含んでいるとは，考え難い。それゆえ，「我考う」は，超越論的統覚の単なる論理形式，すなわち，思惟する自我の純粋な自己意識の公式と考えられなくてはならない。さらに，「超越論的心理学の第二の誤謬推理の批判」の一つの段落で，カントは，次のように記している。

　「「我は単純である」という命題は，統覚の直接的表現と見なされなくてはならない。ちょうど，世にいうデカルトの「我思惟す。ゆえに我在り」という推理は，「我思惟す」（我，思惟して，在り）は現実性（die Wirklichkeit）を直接に言い表しているゆえ，実際は同義語の反復命題であるように」（A354f.）。

　この引用文においては，デカルトの「我思惟す。ゆえに我在り」という命題は，同義語の反復命題と考えられている。したがって，超越論的統覚の「我考う」は，「我々の意識の公式」（A354）にすぎないと考えられている。

　ただし，超越論的統覚の「我考う」についてのカントの考えは，少し込み入っている。「超越論的心理学の第四の誤謬推理の批判」で，カントは，以下のように述べている。

　「それゆえ，私の外なる現実的対象の現存は（「私の外なる」というこの言葉が知性的意味に解されるときには），決して直接に知覚に与えられ

58

ているのではなくて，内的感官の変容である知覚にその外的原因として，想定され得るだけであり，したがって，推理され得るだけである」（A367 f.）。

「少なくとも，後者〔「外的現実的諸対象」〕の現存は，単に推理されているだけであり，すべての推理に伴う危険を冒すが，それに対して，内的感官の対象（私のすべての表象を伴った私自身）は直接に知覚され，自我の存在は全く懐疑を被らない」（A368）。

我々が「我思惟す。ゆえに我在り」を真の存在命題と考える限り，我々は，この命題を，それが「存在」の範疇によって定式化されていると見なさなくてはならない。「我考う」は，本質的に超越論的統覚の純粋表象である。それにもかかわらず，カントによって指摘されているように，「我思惟す」（「我考う」）は，本質的に，「直接に知覚される」ことのできる，自分自身の自我の存在についての我々の自己知覚に連関している。

「超越論的心理学の第四の誤謬推理の批判」（第一版）及び「〔独断的〕観念論の論駁」（第二版）[*2]において，カントが「我考う」を経験的命題と考えていることは，注目に値する。「観念論の論駁」においては，カントは，独断的にではあるが，デカルトの存在論的世界観を，「我々の外部の空間の中の諸対象の存在を（略）単に疑わしくて証明可能でないと宣言する理論」と見なして，デカルトの「観念論」を，「一つの経験的主張，すなわち「我在り」だけを懐疑不可能なものと断言する，デカルトの蓋然的観念論」（B274）と規定している。そこにおいては，「我在り」という語は，「我思惟す。ゆえに我在り，あるいは我存在す」という命題における「我在り，あるいは我存在す」という意味で用いられている。そして，そこでは，「我在り」は，はっきりと「経験的主張」と考えられている。思惟する自我（すなわち，「我考う」という統覚の自我）の現実性／存在の懐疑不可能な確実性に基づいて，カントは〈超越論的哲学〉的に，外的感官の諸対象の実在性／存在，すなわち感性界の実在性を基礎づけることを意図している[*3]。このようにして，カントは，彼の経験的実在論を基礎づけることを試みる。感性界の経験的実在性を言い表す「観念論の論駁」の定理は，次のように定式化されている。「私自身の現存の，単なる，しかし経験的に

規定された意識は，私の外なる諸対象の現存を証明する」（B275）。

第4節　自我存在を包含する命題としての「我考う」

『純粋理性批判』第二版においても，綜合的方法をもって遂行されている合理的心理学批判（B406–413）が叙述されているが，その合理的心理学批判は，「霊魂の不滅性についてのメンデルスゾーンの証明の論駁」（B413–415）の論述によって中断された後に，分析的方法をもって遂行される合理的心理学批判（B415–426）に継続さている。第二版 B419 ページに示されている表においては，合理的心理学の基本命題は，全面的に改訂されて，分析的連関において表示されている。カントは，次のように記している。

「それに対して，分析的手順に従うならば，「我考う」が，〔すなわち〕既に現存を，所与のものとして，包含している命題としての〔「我考う」〕が，したがって様相〔すなわち，「現存」〔＝「現実性」／「存在」〕の範疇を含む範疇表の「様相」の項目〕が基礎になっているのであり，だから，〔我々が〕この命題の内容を認識するために，すなわちこの自我が空間あるいは時間において単に「我考う」によって己の現存を規定するかどうか，規定するとすればいかにして規定するかを認識するために，その〔既に現存を，所与のものとして，包含している〕命題を分析するとすれば，合理的心理学の諸命題は，思惟する存在者一般の概念からではなく，現実性から始まることになるであろう。そして，その際，経験的であるすべてのものが分離された後で，この現実性が思惟される様式から，思惟する存在者一般に帰属すべきところのものが，次の表〔B419 ページに示されている表〕が示すように，推論されるであろう。云々」（A418 f.）。

ここでの論述においては，「我考う」は，既に**我**の存在を含んでいる命題，すなわち本来の意味における存在命題と考えられている。したがって，同表の第一命題，すなわち「我考う」は，「様相」の範疇の一つ，すなわち「存在」の範疇に対応する命題と考えられている。合理的心理学の四つの基本命題が，それらの綜合的連関において体系的に列挙されて

いる,「合理的心理学の論題」(A344/B402) という名称の表に対応する脚注においては,「それは空間の内なる可能的諸対象との関係を有している」(ibid.) という命題は,「存在の範疇」(A344f./B402f. fn) に連関している。「空間の内なる可能的諸対象」は, もちろん,「可能性」の範疇に対応する。したがって,「空間の内なる可能的諸対象」の可能性が, 仮想実体である「霊魂」に対比されている。(合理的心理学においては,「我考う」の**我**は, 実体として想定されている。)「超越論的心理学の第四の誤謬推理の批判」(A366–380) におけるカントの主要目標は, バークリィーの独断的観念論の論駁とデカルトの懐疑的／蓋然的観念論の論駁とであった (cf. A377, B274)。カントが独断的観念論の批判を行なって, 上述の,「単なる, しかし経験的に規定された, 私自身の存在の意識〔すなわち,「我在り」〕は, 私自身の外部の空間の内なる諸対象の存在を証明する」という定理を定式化したのは,「経験的思惟一般の公準」(B265–287) においてである。

　誤謬推理論の章の導入部で, カントは, 以下のように言う。「それゆえ,「我考う」は, 合理的心理学がそこからその全知識を紡ぎ出すと言われる, 合理的心理学の唯一のテキストである」(A343f./B401);「我々は, ここでは専ら, 範疇表という導きの糸に従わなければならないであろうが, ただ, ここでは何はさておき, 思惟する存在者としての, **我**という一つの物が与えられているのであるから, 我々は範疇表の中で示されているような, 諸範疇相互の前記の順序を変えはしないであろうが, しかしここでは, それによって物自体そのものが表象されるところの実体の範疇から始めて, 諸範疇の系列を逆に辿ってゆくであろう」(A344/B402)。第二版においては, 同版 B406–413 ページで, カントはライプニッツ─ヴォルフ学派の合理的心理学の批判, とりわけ伝統的合理的心理学の実体論的側面の徹底的批判を遂行した。そして, その批判に基づいて, カントは「我考う」の存在命題的側面を明確に認識した。カントは, 合理的心理学の基本命題が分析的手順で列挙された表を作成するためには,「そこにおいて〔=「思惟する存在者一般の概念」において〕経験的である一切のもの」が除去されなくてはならないことを, 主張する (B418f.)。それにもかかわらず, 彼は,「我考う」の経験的側面のすべてを完全に排斥することを意図している訳

ではない。第二版 B421-422 ページの一段落に付された脚注の冒頭で，カントは言う。「「我考う」は，既述のように，経験的命題であり，「我存在す」という命題をそれ自身のうちに包含している」（B422 fn）。

第二版の誤謬推理論の章に固有の，合理的心理学の論題表では，合理的心理学の基本命題は，以下の順序で列挙されている。1.「我考う」，2.「主観として」，3.「単純な主観として」，4.「私の思惟のあらゆる状態において，同一の主観として」（以上，B419）。その論題表が，各自自身の自己意識を言い表すにすぎない，「我考う」という単純な命題をもって始まっていることは，注目されなくてはならない。その表とそれに関連する説明においては，カントは，「空間の内なる可能的諸対象」（A344/B402），換言すれば，空間の内なる諸対象の実在性／現実性の可能性ないし蓋然性に言及していない。ここで提示されている「我考う」という命題は，デカルトの「我思惟す。ゆえに我在り，あるいは我存在す」という命題に他ならない。その表とそれに関連する説明においては，「我考う」は，単に「合理的心理学がそこからその全知識を紡ぎ出すと言われる，合理的心理学の唯一のテキスト」（A343/B401）と考えられているのではない。そこでは，「我考う」は，基本的には，「現実性」，すなわち，「我考う」の**我**の現実性／存在を直接に言い表している命題と考えられている。そこにおいて，「我思惟す」が思惟する自我の現実性／存在を直接に言い表している，デカルトの「我思惟す。ゆえに我在り，あるいは我存在す」という公式に従って，カントは「我考う」を，「所与のものとして」，換言すれば現実的なものとして受け止めている。したがって，カントは「我考う」を，「我在り」あるいは「我存在す」という存在命題と考えている。第一版と比較すると，誤謬推理論の章におけるカントの「我考う」についての考えは，第二版では根本的に転換している。一般的に言えば，第二版では，「超越論的演繹論」における認識論的論議を除いては，「我考う」については，主にそれの存在命題的側面に関して言及されている。さらに，第二版 B418-420 ページの段落においては，「そこにおいて経験的であるすべてのものが一切捨象された後で（nachdem alles, was dabei empirisch ist, abgesondert worden）」（B418f.）という言い回しに指示されているように，

62

「我考う」は，はっきりと，思惟する自我そのものの現実性／存在について の純粋意識と考えられている。同段落において，カントは，先に引用した合理的心理学の論題表の第二命題，第三命題，第四命題についての自分の見解を，それぞれの命題をア・プリオリな命題と受け止めて，述べている。彼は，次のように述べている。

「さて，第二命題においては，私が主観としてだけ存在することができて，他のものの述語としても存在することはできないのかどうか，また，そのようには考えられ得ないのかどうかは，規定されないゆえ，主観の概念は，ここでは，単に論理的に解されているのであって，その主観を実体と受け止めるべきであるか否かに関しては，無規定のままである。しかし，第三命題においては，思考を形作る一切の結合と分離が関連する，表象における統覚の絶対的統一，〔すなわち〕単純な自我は，たとえ私が主観の性質あるいは自存についてまだ何も確定していなくても，それ自体としても重要になる。統覚は，或る実在的なものであり，統覚の単純性は，既に統覚の可能性のうちに存している。さて，空間の内には，単純であるような実在的なものは，何も存在しない。なぜなら，点（点は，空間における唯一の単純なものである）は，単に限界であって，部分として空間を形作ることには役立たない。それゆえ，そこから，単に思惟する主観としての私の性質についての，唯物論の諸根拠に基づく説明の不可能性が帰結する」(B419f.)。

この引用文においては，「統覚」の実在的単純性及び「唯物論」についての言及を除いては，カントは，彼の合理的心理学についての考えと，B406–413 ページに記述されている彼の合理的心理学批判の手順との要点を説明している。しかし，統覚の実在性及び単純性についてのカントの言及が，この場合には，本質的に彼の「我考う」についての考えと結びついていることが，注意されなくてはならない。カントは，「我考う」の**我**を，「我在り」／「我存在す」の**我**と考えている。したがって，カントにとっては，「「我考う」という統覚の働き」の現実性／実在性は，それ自体，自明で懐疑不可能な事実に他ならない。

「それに対して，我々が分析的手順に従うならば，「我考う」が，〔すなわ

ち〕既に現存を，所与のものとして，包含している命題としての〔「我考う」が，したがって様相〔すなわち，「現存」〔＝「現実性」／「存在」〕の範疇を含む範疇表の「様相」の項目〕が基礎になっているのであり，〕という言い回しについて言えば，我々は，カントの合理的心理学についての考えにおける不整合さ，とりわけ彼の「我考う」についての考えにおける不整合さを看過することができない。この言い回しは，この場合には，「所与のもの」^{*4}と理解された「我考う」が「存在」を包含している経験的綜合命題であることを，指意する。デカルト自身にとっては，「我思惟す」だけではなくて「我，思惟して，在り」もまた，非 - 経験的に，すなわち形而上学的に演繹される命題である。もちろん，デカルト哲学においては，物自体そのものと現象との区別は，考慮されていない。それとは対照的に，カント哲学においては，超越論的統覚の「我考う」と経験的統覚の「我考う」との〈超越論的哲学〉的区別が，前提とされている。カントの認識論によれば，我々が物自体に，すなわち叡知的なもの（叡知者）に範疇を適用することは，不可能である。我々が「我考う」を叡知的自己意識と考える限り，我々は，それに「存在」の範疇を適用することはできない。しかし，第二版の誤謬推理論の章では，カントは，「所与のもの」と理解された「我考う」を，デカルトの「我思惟す。ゆえに我在り，あるいは我存在す」という命題と，後者の非 - 経験的特性を考慮しないで同一視している。その結果，カントは，「我考う」の経験的特性を強調する。上引の段落には，次のように記されている。

　「しかし，第一命題は「あらゆる思惟する存在者は，存在する」（それは，同時に，思惟する存在者について，〔それらの存在の〕絶対的必然性を陳述することになり，それゆえ過大なことを陳述することになる）ということを意味するのではなくて，「我，思惟して，存在す」ということだけを意味するゆえ，私の現存は，第一命題においては，所与のものと見なされる。だから，第一命題は経験的であり，私の現存を，単に時間における私の諸表象に関して規定することが可能であることを含意している」^{*5}（B420）。

　誤謬推理論の章においては，これ以後，カントは，「我考う」は経験的

命題であるという彼の見解を，繰り返し述べている。例えば，「合理的心理学から宇宙論への移行に関わっての，一般的注解」（B428–432）では，彼は，以下のように述べている。「「我考う」あるいは「我，思惟して，存在す」という命題は，経験的命題である。経験的直観，したがってまた現象としての思考された客観が，かかる命題の基礎を成している。云々」（B428）；「しかし，「我考う」という命題は，それが「我，思惟して，存在す」ということを意味する限り，単なる論理的機能ではなくて，主観（言うまでもなく，同時に客観である主観）を存在に関して規定するのであり，内的感官なくしては成立しないが，内的感官の直観は常に客観を物自体としてではなく，単に現象として手渡す。それゆえ，その命題においては，もはや思惟の全き自発性ではなくて，直観の受容性も，すなわち私自身についての思考も，まさに同一の主観の経験的直観に適用されている」（B429f.）。それにもかかわらず，「合理的心理学から宇宙論への移行に関わっての，一般的注解」においても，「「我考う」という命題」の**我**は，明確に，叡知的なもの（叡知者）と考えられている[*6]。しかし，「我考う」の**我**に「存在」／「現実性」の範疇を適用するためには，カントにとって，「我考う」を経験的命題と考えることが，必要であった。

第 5 節　『純粋理性批判』第二版 B422–423 ページの脚注の解釈

「「我考う」は，既述のように，経験的命題であり，「我存在す」という命題をそれ自身のうちに包含している」という文章で始まっている脚注（B422–423）は，カントが「我考う」は経験的命題であるという彼の見解に全く言及していない，この脚注の直前の段落での論述に関連しているだけでなく，それに先行する第二版 B418–422 ページの段落での論述全体にも関連している。

　上引の文章に続けて，同脚注には，次のように記されている。「しかし，私は，「思惟するすべてのものは，存在する」と言うことはできない。なぜなら，その場合には，思惟という性質が，それを有しているすべての存在者を必然的存在者にすることになるであろうから。それゆえ，私の存

在は，デカルトの所説とは異なり，「我考う」という命題から推理された
ものと見なされることはできず（なぜなら，もしそうでないなら，「すべ
ての思惟するものは，存在する」という大前提が，先行しなければならな
いはずである），「我考う」という命題と同一のものである」（B422）。カ
ントの自我論の，デカルトの自我論との関連を明らかにするために，我々
は，デカルトの「我思惟す。ゆえに我在り，あるいは我存在す」という命
題についての三段論法説を念頭に置いて考察してみたい。カントは，デカ
ルトは「我在り，あるいは我存在す」を，「「すべての思惟するものは，存
在する」，という大前提」を必要条件とする省略三段論法によって，「我思
惟す」から導出した，と考えている。カントによれば，この大前提は，決
して証明され得ない命題である。同脚注が連関している段落において，カ
ントは言う。「しかし，第一命題は「あらゆる思惟する存在者は，存在す
る」（それは，同時に，思惟する存在者について，〔それらの存在の〕絶対
的必然性を陳述することになり，それゆえ過大なことを陳述することに
なる）ということを意味するのではなくて，「我，思惟して，存在す」と
いうことだけを意味するゆえ，私の現存は，第一命題においては，所与の
ものと見なされる。だから，第一命題は経験的であり，私の現存を，単に
時間における私の諸表象に関して規定することが可能であることを含意し
ている」（B420）。「絶対的必然性」という言葉は，ここでは，私の存在を
私の思惟の働き，すなわち「「我考う」という統覚の働き」（B137）から推
論するためには，「あらゆる思惟する存在者は，存在する」という前提と
される大前提が，絶対に不可欠であるはずである，ということを意味する。
ここでカントが「我思惟す。ゆえに我在り，あるいは我存在す」という定
式を導出するために不可欠と想定される，三段論法の大前提に言及してい
ることは，注目に値する。しかし，デカルト自身は，「我思惟す。ゆえに
我在り，あるいは我存在す」が，いわゆる「隠れた大前提」を用いて推論
されなければならない命題であるということを，必ずしも断言している訳
ではない。「第二答弁」では，デカルトの見解が，次のように述べられて
いる。

　「……が，われわれがわれわれは思惟する事物であることに気づくとい

66

う場合はと言えば，それはいかなる三段論法よりしても結論されること
のない或る種の第一の知見でありますし，また，誰かが「この私は思惟
する，ゆえに私はある，言うなら私は存在する」と言うという場合に
は，彼は，〔彼の〕存在をば〔彼の〕思惟から三段論法によって演繹す
るのではなくて，あたかも自ずからに識られた事物^{もの}として精神の単純な
直視によって認知するのであり，そのことは，存在を三段論法によって
演繹するというのであれば，彼はそれよりも先に「思惟するところのも
のはすべて，ある，言うなら存在する」というこの大前提を識っていな
ければならなかったということになろう，ということよりして明らかで
あります。けれども〔それとは反対に〕，まさしく彼の存在をばむしろ
彼は，彼自身のうちにおいて彼が，存在するというのでないかぎりは思
惟するということはありえぬ，と経験するということから，学び知るの
です。というのは，一般的な命題を特殊なものの認識から形造るという
こと，それがわれわれの精神の本性であるからです」（所雄章訳「第二反
論と答弁」。『増補版 デカルト著作集』2, 172 ページ。〔 〕内は，訳書による。
AT Ⅶ, 140–141）。

　ここで明確に述べられているように，デカルトにとっては「我思惟す。
ゆえに我在り，あるいは我存在す」は，本質的に「精神の単純な直視に
よって」定式化された命題である。しかし，我々は，「存在するというの
でないかぎりは思惟するということはありえぬ」という命題と，「我思惟
す。ゆえに我在り，あるいは我存在す」という定式を三段論法によって導
出するための大前提として要請される命題との双対性を看過してはならな
い。さらに，我々は，上の論述におけるデカルトの主要目標が，「我思惟
す。ゆえに我在り，あるいは我存在す」という命題の直観的ないし経験的
な特性を明らかにすることであるということを，否定することはできない。
このような点において，カントの，「我考う」という合理的心理学の「第
一命題」（第二版）についての考えは，デカルトの，自我についての存在命
題的な考えと緊密に連関している。

　カントによって言及されているように，或る側面においては，デカルト
は，彼の「我思惟す。ゆえに我在り，あるいは我存在す」という命題につ

いての三段論法説を受け入れている。それにもかかわらず，デカルト自身にとっては，コーギトー命題の，いわゆる「隠れた大前提」は，本質的に，「最も単純な概念」なのである。『哲学原理』の「第一部」で，デカルトは，次のように記している。

「……そして，スコラの哲学者たちは，最も単純でそれ自体で知られるものを論理学の定義によって説明しようとする点で，誤りをおかしていることに，私はしばしば気づいた。なぜなら，彼らは，そうすることによって，それらをかえって曖昧なものにしてしまったからである。したがって，私は，「私は考える，ゆえに私はある」という命題が，あらゆる命題のうちで，順序正しく哲学している人の誰もが出会う最初の最も確実な命題であると言ったとき，だからといって，この命題に先立って，「思考とは何か」「存在とは何か」「確実性とは何か」とか，また同様に「考えるものが存在しないことはありえない」ことなどを，知っておかなければならないことを否定はしなかったが，しかし，これらは最も単純な概念であり，またそれらだけでは存在しているいかなる事物に関する知識をも現前させはしないので，特に数えあげる必要もない，とみなしたまでである」（三輪正・本多英多郎訳『哲学原理』。『増補版 デカルト著作集』3，37 ページ。AT Ⅷ-1, 8）。

「「考えるものが存在しないことはありえない」こと」を含めて，「最も単純な概念」としてここに列挙されているものは，「精神の単純な直視によって」獲得された概念／公理命題である。それゆえ，「最も単純な概念」とは，「第二答弁」で言及されている「一般的な命題」（『増補版 デカルト著作集』2，172 ページ。AT Ⅶ, 141）（すなわち，『哲学原理』，「第一部」で言及されている「共通概念」／「公理」（cf. AT Ⅷ-1, 23））を指意する。「第二答弁」においては，「一般的な命題」という語は，《第一概念》の意味で，すなわち，我々の精神の単純な洞察によって直観された認識論的事実の意味で用いられている。

『純粋理性批判』の誤謬推理論の章に戻ろう。当該脚注の四番目の文章は，次のとおりである。

「それ〔「我考う」という命題〕は，無規定の経験的直観，すなわち知

覚を表現しているが（それゆえ，「我考う」という命題は，既に感覚が，したがって感性に属する〔感覚〕がこの存在命題の基礎になっていることを証明する），しかし経験に先行する。経験は，知覚の客観を範疇によって時間に関して規定する。存在は，ここではまだ範疇ではない。範疇は，無規定的に与えられている客観とは関連していないで，それについて人が概念を持っている，そのようなものとのみ，そして，それについて，それがこの概念の外でも措定されているか，措定されていないかを，人が知りたい，そのようなものとのみ関連しているのである」（B422 fn）。

ここでは，「「我考う」という命題」ははっきりと「存在命題」（ein 'Existentialsatz'）と規定されており，そして，この「存在命題」は，「無規定の経験的直観，すなわち知覚」を表現しているゆえ，「感覚に基づいた」命題と考えられており，それゆえ，「我考う」という存在命題は「経験」に先行する命題であると考えられている。それらは，注目に値することである。脚注の四番目の文章によれば，「我考う」という存在命題は経験的命題であるが，「存在」の範疇が適用されている経験判断（ein Erfahrungsurteil）ではない。

脚注の五番目の文章で，カントは「無規定の知覚」（'[e]ine unbestimmte Wahrnehmung'）という言葉を用いている。「無規定の知覚」とは，もちろん，「無規定の経験的直観」を意味する。「無規定の経験的直観」及び「無規定の知覚」は，両者とも，非 - 経験的に直観／知覚された，「我考う」の**我**の存在を意味する。「無規定の知覚は，ここでは，単に或る実在的なものを指意するが，その或る実在的なものは，単に思惟一般に対して与えられているのであって，それゆえ，現象としてでもなく，物自体（Noumenon）としてでもなくて，実際に存在しており，「我考う」という命題において，或る実在的なものとして知覚される或るものである」（B423 fn）という，脚注の五番目の文章において明らかであるように，カントは，思惟する自我の，非 - 経験的に直観／知覚された存在に「或る実在的なもの」（'etwas Reales'）という言葉を適用している。カントによれば，「我思惟す。ゆえに我在り」というデカルト命題は，「「我考う」とい

う命題」が「存在の知覚」を含んでいるという事実に基づいて定式化されている（cf. A347/B405）。「存在の知覚」が，ここでは，思惟する自我の存在の知覚を意味することは明確であり，その思惟する自我は，超越論的主観それ自体に他ならない。「我考う」の**我**が自分自身を認識の対象として認識することは，可能ではない。したがって，「我考う」の**我**に「存在」の範疇を適用することは，不可能である。「我考う」の**我**は，決して我々の認識の対象にはなり得ないけれども，「無規定の知覚」によって，「或る実在的なもの」として知覚されることができる。その「或る実在的なもの」は，「現象」でもなく，「物自体」（noumenon）でもない。それにもかかわらず，脚注の六番目の文章で，カントは，「「我考う」という命題」における「**我**」は，それ自体としては，「純粋に知性的な」表象であることを，断言している（B423）。

結　論

　本章においては，我々は，主として『純粋理性批判』第二版の誤謬推理論の章を分析して，カントの超越論的自我についての考えを解釈することを試みた。我々は，『純粋理性批判』第二版において，カントがデカルトの「我考う。ゆえに我在り，あるいは我存在す」という命題が，本質的には，「無規定の知覚」に基づいて定式化された存在命題であることを明確に認識しており，合理的心理学の批判を行なうことによって，超越論的自我についての存在論的見解を展開したことを解明した。そのようにして，我々は，第二版の誤謬推理論の章に特有の，カントの自我論の存在論的側面を解明した。

注

＊1　「超越論的心理学の第二の誤謬推理の批判」では，カントは，「「我思惟す。ゆえに我在り」という，世にいうデカルトの推理」（cf. A355）の，同義語の反復命題の側面にだけ言及している。しかし，デカルトによれば，「我思惟す。ゆ

えに我在り」は，本質的には，「我々の精神の単純な直視」（『増補版 デカルト著作集』2，172 ページ）によって，我々自身の自我存在の洞察を通して定式化された，綜合的な存在命題である。

＊2　「超越論的心理学の第四の誤謬推理の批判」は，換言すれば，「（外的関係の）観念性の，第四の誤謬推理」（A366）である。

＊3　カントによれば，我々の理論的／思弁的理性の究極目標は，自然の形而上学（die Metaphysik der Natur）の完全な体系を構築することであり，その自然の形而上学の予備学（Propädeutik）が純粋理性批判に他ならない（A841/B869）。カントが超越論的観念論に基づいて彼の認識論の学説を体系的に構築することを意図している『純粋理性批判』においては，「超越論的主観」（'das transzendentale Subjekt'）は，「感性界」（'die Sinnenwelt'）としての自然（die Natur）の研究を行なう，まさしくその主観と考えられている。

＊4　ここでは，「所与のものとして」という語は，「内的知覚」（cf. A343/B401）を通して現実に与えられている自我論的事実を意味する。この箇所では，カントは「我考う」を，純粋統覚の単なる論理形式と考えているのではなく，思惟する存在者自身の現実性／存在を表す経験的命題と考えている。

＊5　この段落は，さらに，カントの，唯物論の論駁及び唯心論の論駁という意図に関連している。ここで，当該段落の結びの箇所を分析しておきたい。そこには，次のように記されている。「しかし，私は，このためには，再度，或る持続的なものを必要とするが，そのようなものは，私が私を考察する限りでは，内的直観の内には全く与えられていないので，私が存在する仕方が実体としてであるのか，偶有性としてであるのかを，この単純な自己意識を通して決定することは，全く不可能である。それゆえ，唯物論が私の現存の説明の仕方として役立たないときには，唯心論も同様にその説明の仕方として不十分である。したがって，結論は，次のようになる。我々は，どのような仕方によっても，我々の霊魂の，それの〔＝我々の霊魂の〕分離されての存在一般の可能性に関わる性質については，何も認識することができない」（B420）。この引用文の最初の文章は，カントの「観念論の論駁」と緊密に関連している。「或る永続的なもの」とは，「私の外なる空間の内の諸対象の現存」（B275）を指している。最初の文章は，思惟する自我の実体性を合理的心理学によって証明することの不可能性にも関連している。カントが「それの〔＝我々の霊魂の〕分離されての存在一般の可能性」（'die Möglichkeit ihrer abgesonderten Existenz überhaupt'）という表現の仕方を用いていることは，注目に値する。このような表現の仕方は，人間についてのカントの考えが，本質的に，デカルトの形而上学の物心二元論の影響下にあることを示唆する。合理的心理学の超越論的理念としての霊魂の不死性／永遠性についての考えもまた，「精神と身体の実在的区別」に基づいて構築されている，デカルト

の物心二元論に緊密に関連している。「霊魂の不滅性についてのメンデルスゾーンの証明の論駁」の直前の，第二版 B406–413 ページで，カントは，第一版で行なった合理的心理学批判を簡潔に反復している。その合理的心理学批判において，カントは，「デカルトの蓋然的観念論」（B274）の論駁を考慮に入れて，霊魂の不死性を証明することの不可能性に言及している。カントは言う。「しかし，私自身のこの意識が，それによって私に諸表象が与えられる，私の外なる諸物なしに十分に可能であるかどうか，そしてそれゆえ私が単に思惟する存在者として（〔つまり〕人間であることなしに）存在し得るかどうかを，私はこの分析的命題〔すなわち，「私は，思惟する存在者としての私自身の存在を，私の外なる他の諸物（私の身体もまたそれらの一部を成している）と区別する」という命題〕によっては全く知り〔得〕ない」（B409）。そこではデカルトが独断的に「懐疑的観念論者」（A377）と見なされている，「（外的関係の）観念性の，第四の誤謬推理」の批判においては，デカルトの物心二元論自体は，批判的吟味の主題ではなかった。

＊6　「合理的心理学から宇宙論への移行に関わっての，一般的注解」（以下，「一般的注解」と記す）の第二段落は，「「我考う（Ich denke）」あるいは「我，思惟して，存在す（ich existiere denkend）」という命題は，経験的命題である」（B428）という文章で始まっている段落に続いているが，次のように結ばれている。「単なる思惟における私自身の意識においては，私は存在者自身であるが，その存在者自身については，もちろん，それによって思惟のために何ものも与えられてはいない」（B429）。「一般的注解」の第三段落には，次のように記されている。「……さて，後者〔＝直観〕においては，思惟する自己は，それの論理的諸機能を実体，原因，等々の範疇として使用するための諸条件を探索しなくてはならないが，それは単に自我を通して，己を客観そのものと見なすためにではなくて，己の現存の様式を規定するために，すなわち，己をヌーメノンと認めるためにでもあるが，それは不可能である。なぜなら，内的経験的直観は感性的であって，現象というデータ以外のものを手渡さないのだから。現象というデータは，純粋意識の客観にそれの〔身体から〕分離されての存在について知ることのためには何も提供せず，ただ経験のために役立ち得るのみである」（B430）。「一般的注解」の第四段落には，次のように記されている。「しかし，後に，経験においてではなくて，或る（単に論理的な諸規則ではなくて）ア・プリオリに確定している，我々の存在に関係する，純粋理性の使用の諸法則において，我々を全くア・プリオリに，我々自身の現存に関して立法的なものと想定し，また，存在さえをも規定するものと想定するようなきっかけが見いだされると仮定すれば，経験的直観の諸条件を必要とすることなく，それによって我々の現実性が規定可能であるような自発性が見いだされることになる。我々は，ここで，我々の

現存の意識のうちにはア・プリオリに，我々の感性的にだけ汎通的に規定可能な存在を，叡知的な（もちろん，ここでは思考上の）世界との関連において，或る内的能力に関して規定することに役立ち得る，或るものが含まれている，ということに気づくはずである」（B430–431）。このように，「一般的注解」の第四段落で初めて，カントは，「或る（単に論理的な規則ではなくて）ア・プリオリに確定している，我々の存在に関係する，純粋理性の使用の諸法則」の概念，すなわち彼の批判哲学の厳密な意味における道徳法則の概念を提示した。「一般的注解」で道徳法則が「或る……ア・プリオリに確定している，我々の存在に関係する，純粋理性の使用の諸法則」と考えられていることは，注目に値する。「一般的注解」の第五段落では，「道徳法則」は，はっきりと「純粋に知性的な，私の存在を規定する原理」（'ein Prinzip der Bestimmung meiner Existenz, welches rein intellektuell ist,'）と規定されている（B431）。このように，「一般的注解」においては，「道徳法則」の概念は，我々自身の存在との緊密な連関において提示されている。

第 4 章

カントの自我論とその歴史的背景

序　論

　第一章では，我々は，デカルトの自我論の諸特性を解明した。第二章，第三章では，我々は，『純粋理性批判』におけるカントの合理的心理学批判について考察した。「純粋理性の誤謬推理について」の章におけるカントの論議を分析することによって，我々は，彼の自我論の諸特徴を解明した。本章では，我々は，カントの自我論を，その歴史的背景との関係において考察してみたい。ちょうどデカルトが彼の哲学の第一原理を「我思惟す。ゆえに我在り」という自我論の公式に定式化したように，カントは，哲学におけるカント革命と定義されるべき，認識論における革命的なパラダイムシフトを遂行して，「我考う」という超越論的統覚の作用の概念に基づいて，彼の超越論的哲学を構築した。西洋近代哲学史においては，最も注目すべきパラダイムシフトは，カントによって，彼の『純粋理性批判』において遂行された。本章では，カントによってなされたパラダイムシフト，すなわち哲学革命の本質的事項が，彼の哲学の歴史的背景を考察することによって，解明されるであろう。

第1節　認識論におけるコペルニクス的転回

　　カントの『純粋理性批判』によってもたらされた，認識論における革命的なパラダイムシフトは，「コペルニクス的転回」という言葉で特徴づけられている。認識論におけるコペルニクス的転回も宇宙体系論における
*1
コペルニクス的転回（コペルニクス革命）も，共に「転回」（revolution）という語で定義されているという，用語法の偶然の一致（coincidence）は，注目されるべきである。周知のように，西洋近代天文学の太陽中心的宇宙体系論は，ニコラウス・コペルニクスによって，彼の『天球の回転について』において構築された。我々は，‘revolution’という言葉が天文学の用語でもあるということを，看過してはならない。惑星系天文学においては，‘revolution’は，惑星の軌道運動を意味し，また，‘rotation’は，

76

自転軸を回転する惑星の運動（自転）を意味する。我々は，次のように言う。「地球は太陽の周りを公転（revolve）しており，地球は地軸の周りを自転（rotate）している」。'revolution' という言葉は，伝統的に，宇宙体系の探究と緊密な関係において使用されてきた言葉である。アリストテレスの地球を宇宙の中心とする宇宙体系論（地球中心説）とヒッパルコスの天文学理論に基づいて，プトレマイオスは，彼の数学的天文学，すなわち，プトレマイオスの地球中心説を構築した。地球中心説のパラダイムは，地球の周りを太陽及び星々（惑星，恒星）が公転しているという考えの上に構築されている。それとは対照的に，太陽を宇宙の中心とする宇宙体系論（太陽中心説）は，太陽の周りを地球及び星々が公転しているという考えの上に構築されている。コペルニクス及び彼の後継者たちによってもたらされた天文学の革命は，宇宙体系論における革命的なパラダイムシフトであった。我々は，'revolution' が，プトレマイオスの宇宙体系論においてだけでなく，コペルニクスの宇宙体系論においても，天球の revolution（回転）と考えられているという事実を，看過してはならない。天球の回転という考えは，徐々に，宇宙の中心と見なされた太陽の周りを諸惑星が回転／公転しているという考えに転換していった。[*2]

　認識論における「コペルニクス革命」は，もちろん，天文学上の'revolution' の考えとは無関係に遂行された。カントが「コペルニクス的転回」に言及している諸段落では，'revolution' という言葉は，'Umänderung der Denkart'（Bxvi）の意味で用いられている。例えば，カントは，次のように記している。「……むしろ私が推量するには，長い間，数学は（特にエジプト人たちの間ではいっそう）模索状態にとどまっていたのであり，或る一人の人の，或る試みのうちでの幸運な着想が成就したこの変革は一つの革命に帰せられるべきであり，この人以降，人が取らなければならなかった進路はもはや踏み外されようはなかったし，学問の確実な歩みは永遠に，無限の遠方まで基礎づけられ，指し示されていたのであった。あの有名な岬〔喜望岬〕を周る航路の発見よりもはるかに重要であった，思考法のこの革命（dieser Revolution der Denkart）と，この革命を成就した幸運な人との物語は，我々には伝承されていない」（Bxi）。

第 4 章　カントの自我論とその歴史的背景　　*77*

しかし，我々は，科学用語としての‘revolution’という言葉がパラダイムシフトという意味での‘revolution’の概念，とりわけ宇宙体系論における‘revolution’の概念，すなわち，地球を宇宙の中心とするプトレマイオスの宇宙体系論から，太陽を宇宙の中心とするコペルニクスの宇宙体系論へのパラダイムシフトの概念と本質的な関係を有するという事実を，看過することはできない。とりわけコペルニクスとガリレオは，地球中心説から太陽中心説への，宇宙体系論のパラダイムシフトに大きく貢献した。ガリレオは，近代物理学の確立者であり，また，望遠鏡を用いて天体観測を行なった天文学者であった。[*3] それとは対照的に，デカルトは，本質的に形而上学者，自然哲学者であった。それにもかかわらず，我々は，デカルトの没後に公表された著作『宇宙論』に体系的に記述されているデカルトの宇宙論の天文学史的意義を看過してはならない。数学的物理学，数学的天文学と特徴づけることのできる，近代物理学，近代天文学のパラダイムは，ガリレオと彼と同時代の天文学者ヨハネス・ケプラーによって構築された。言葉の本来の意味におけるコペルニクス革命，すなわち，コペルニクスと彼の信奉者たちによって達成されたコペルニクス革命は，自然哲学（自然科学）の著しい進歩として展開して，近代西洋哲学の世界観の展開に貢献した。デカルトの世界観（Weltanschauung）は，ホイヘンスやライプニッツの思想に影響を及ぼした。ライプニッツ–クラーク往復書簡は，ニュートンの万有引力，すなわち遠隔作用（actio in distans/die Fernwirkung）を，理解不可能な相互作用と見なすヨーロッパの自然哲学者たちと，万有引力をまさに神の遍在の証拠と見なすイギリスの自然哲学者たちとの間で交わされた，真剣な論争の内容豊富なドキュメントである。我々は，万有引力の原因（起源）を巡っての彼らの論争に関心を持っている。我々は，太陽中心説の展開の歴史における，すなわち，「コペルニクス革命」の完成過程における，デカルトが果たした注目すべき役割を，看過することはできない。『宇宙論』の著者デカルトは，同時に「哲学の第一原理」としての「コーギトー」の発見者である。デカルトの哲学思想においては，太陽中心説と，「超越論的統覚」（カント）の作用に他ならない「コーギトー」とは，本質的に統一されている。デカルトにとっては，「哲

学の第一原理」は，自然哲学の第一原理に他ならない。近代天文学及び近代物理学の形成が著しい発展を見せた時代に，デカルトは，彼の宇宙についての観点の基礎として，太陽を宇宙の中心とする，コペルニクスの宇宙体系論を受容して，西洋近代哲学の確立に大きく貢献した。デカルトは，「コーギトー」に基づいて構築されている彼の形而上学と，コペルニクスの宇宙体系論に基づいて構築されている彼の宇宙論との本質的連関についての鋭敏な洞察を有していた。

　我々は，カントが，コペルニクスによって遂行された 'revolution' に言及している段落を引用しておきたい。そこには，次のように記されている。

　　「それゆえ我々は，一度，我々が形而上学の諸課題に関して，我々が，諸対象が我々の認識に従わなければならないと想定することによって，〔我々の研究が〕もっとよくはかどるのではないかどうかを試してみようと思うのである。このように想定することは，諸対象に関して，諸対象が我々に与えられる前に，何か或ることを確定すべき，諸対象のア・プリオリな認識の，要求されている可能性と，もともとより良く一致するのである。これに関しては，事情は，全星群が観察者の周りを回転しているとコペルニクスが想定したときには，天体の諸運動の説明がうまくできなかったため，彼が観察者を回転させ，それに対して星々を静止させたときには，もっと良く説明ができるのではないかどうかを試した，コペルニクスの最初の考えと全く同様である。形而上学において，我々は，諸対象の直観に関して，それに類似した仕方で，実験を試みることができる」[*4] (Bxvif.)。

　ちょうどコペルニクスが，彼の思考実験によって，地球中心説を太陽中心説に転換させたように，カントは，彼の思考実験によって，我々の認識は我々の認識の諸対象に従わなければならないという考え方を，「諸対象が我々の認識に従わなければならない」という考え方に転換させた。認識論的思考実験を遂行することによって，カントは超越論的哲学の認識論を構築して，超越論的観念論を提唱した。超越論的哲学の認識論と超越論的観念論との構築によって，カントは，超越論的自我の認識論的主体性

第4章　カントの自我論とその歴史的背景　　79

を解明した。認識論的主体性の主観は，同時に，実践的能動性の主体であるはずである。その実践的能動性の主体は，「道徳的人格性」（Akademie Ausgabe VI 223）に他ならない。

そこにおいてカントが，ガリレオ，トリチェッリ，そしてシュタールによって行われた科学上の実験に言及している段落の脚注で，カントは「実験的方法」（BVIII fn）という言葉を用いている。実験的方法を哲学に導入することによって，カントは認識論における「コペルニクス的転回」を達成したのであるが，その「コペルニクス的転回」は，伝統的な思弁的哲学の再構築のために不可欠であった。カントは，次のように記している。「形而上学の従前の方法を変更するあの試み，そして，我々が幾何学者たち，自然研究者たちの模範例に従って形而上学の完全な革命を行なうことが，この純粋思弁理性批判という仕事の実質である。それは，方法についての論考であって，学問そのものの体系ではない。それにもかかわらず，それは，学問の限界並びに学問の内的構造全体に関して，学問の全体的輪郭の目録を作成する」（Bxxiif.）。認識論における「コペルニクス的転回」は，少なくともカントにとって，同時に，思弁的哲学における「完全な革命」であったということは，明白である。

第2節　デカルトの自我論からカントの自我論へのパラダイムシフト

デカルトの『省察』の「第三省察」においては，精神は思惟実体（substantia cogitans）と規定されているのではなくて，思惟するもの（res cogitans）と規定されている。精神を思惟実体と規定するためには，それに先行して，精神と身体／物体との実在的区別を証明することが，必要である。『省察』では，「思惟実体」の確定した概念は，「第六省察」で初めて現れるのである。

カントによって指摘されているように，純粋数学は，古代ギリシャで，（幾何学上の）実験的方法を使用することによって，基礎づけられた（cf. Bxff.）。カントによれば，コペルニクスもまた，実験的方法を使用することによって，太陽を宇宙の中心とする，彼の宇宙体系論を着想した（cf.

Bxvi）。カントによって述べられているように，近代物理学及び近代化学は，実験的方法を使用することによって，構築された。実験的方法は，カントによって，哲学に導入された。哲学の方法としての実験的方法についてのカントの考えは，超越論的主観についての彼の考えと緊密に結びついている。超越論的主観の知性的能動性なくしては，実験的方法は，科学研究，哲学研究に適用されることはできない。実験は，認識ないし科学研究の主観／主体の，能動的営為である。科学研究を行なう自我は，能動的に思惟する主観／主体である。実験的方法を哲学に導入することによって，カントは，自我論の再構築をも包含する，認識論の批判哲学的再構築を達成した。カント哲学においては，超越論的主観は，同時に，実験的方法を使用することによって，科学研究，哲学研究を行なうことのできる，まさにその主観／主体であると，考えられている。

　デカルトのコーギトー命題の影響を受けて，カントは純粋統覚の超越論的作用を，「我考う」という公式に定式化した。カントは，「我考う」の**我**を，哲学研究，科学研究を能動的に営為する**我**と考えた。さらに，カントは，「我考う」の**我**を，我々の道徳的実践の真の主体と考えて，それに「本来的自己」（『人倫の形而上学の基礎づけ』，Akademie Ausgabe Ⅳ 457）ないし「道徳的人格性」（『人倫の形而上学』，Akademie Ausgabe Ⅵ 223）という術語を適用した。

　自我論哲学におけるパラダイムシフトが自然科学の発展，とりわけ古典力学の発展によって誘発され促進されたということは，確かである。西洋近代哲学は，デカルトによって形而上学的に認識され解明された「コーギトー」に基づいて樹立された。カントは，彼の超越論的哲学を構築した。精神についてのデカルトの考えは，超越論的主観についてのカントの考えに置き換えられるに至った。

第3節　合理的心理学の批判における，表象の明瞭さについてのカントの言及

本節においては，我々は「霊魂の持続性〔＝不滅性〕についてのメンデ

ルスゾーンの証明の論駁」(B413–418) の一つの脚注を詳細に分析してみたい。その脚注の中で，カントは表象の明瞭さに言及している。その脚注は，一つの長い文章群と三つの短い文章とによって構成されている。同脚注の書き出しの文章は，次のとおりである。

「明瞭さは，論理学者たちが述べているのとは異なって，表象の意識ではない。なぜなら，想起〔＝意識〕に達しない，意識の或る度は，あれこれの不明瞭な表象のうちにすら見いだされ得るに違いないのだから。なぜかと言えば，もし意識が一切ないとしたら，我々は不明瞭な諸表象の結合のうちにいかなる区別をも立て〔ることができ〕なくなってしまうであろうが，しかし我々はそのこと〔＝「区別を立てること」〕を，(正しさ及び衡平についての諸概念，そして，音楽家が多くの楽音を即興演奏において同時に奏するとき〔の〕，音楽家の諸概念のような) あれこれの概念の諸特徴については，なすことができるのだから」(B414 f.)。

最初に，「(正しさ及び衡平についての諸概念，そして，音楽家が多くの楽音を即興演奏において同時に奏するとき〔の〕，音楽家の諸概念のような) あれこれの概念の諸特徴」という語句についての我々の解釈を記述しておこう。

　一見したところでは，「正しさ及び衡平」についての「諸概念」と「音楽家が多くの楽音を即興演奏において同時に奏するとき〔の〕，音楽家」の「諸概念」(直観的諸表象) とが，なぜ並列的に例示されているのかについて理解することは，非常に困難であるように思われる。

言うまでもなく，この脚注においては，「正しさ」(Recht) という言葉は，「正義」(Gerechtigkeit) という意味で用いられている。'nach Recht und Billigkeit'(「公明正大に」) という副詞句において明らかなように，'Billigkeit' という言葉は，'Recht und Billigkeit' という言い回しで，'Recht' という言葉と連語 (collocate) する。周知のように，アリストテレスは，彼の倫理学において，**正義**及び**衡平**の重要性を主張した。我々は，アリストテレスにとって，とりわけ**正義**及び**衡平**の概念が，明瞭な表象の典型であった，と考えることができる。それにもかかわらず，「音楽家が

82

多くの楽音を即興演奏において同時に奏するとき〔の〕，音楽家」の「諸概念」を明瞭な「諸概念」と見なすことは，難しいように，思われる。

　したがって，我々は，「音楽家が多くの楽音を即興演奏において同時に奏するとき〔の〕，音楽家」の「諸概念」（すなわち，直観的諸表象）は直接的には明瞭な表象とは見なされ得ないにもかかわらず，カントが，即興演奏をする音楽家の「諸概念」に言及しているのは，即興演奏をする音楽家の「諸概念」は不明瞭な「諸概念」とは区別されるべきであるということを，はっきりと示唆している，と理解すべきである。我々は，「我々は不明瞭な諸表象の結合のうちにいかなる区別をも立て〔ることができ〕なくなってしまう」という言い回しと，「我々はそのこと〔＝「区別を立てること」〕を，……あれこれの概念の諸特徴については，なすことができる」という言い回しとの，暗黙裏の対照性を看過してはならない。カントは，正義及び衡平の「諸概念」を，不明瞭な「諸概念」と対極的な「諸概念」として例示しているのである。

　当該の脚注の最初の文章の前半部の解釈に戻ろう。カントは，「想起〔＝意識〕に達しない，意識の或る度は，あれこれの不明瞭な表象のうちにすら見いだされ得るに違いない」ということを説明して，「明瞭さ」を「表象の意識」から区別する。「明瞭さ」という言葉は，ここでは，デカルトの，表象の明晰さ（clarity/Klarheit）・判明さ（distinctness/Distinktheit）が真理の哲学的基準であるという考えとの緊密な関連において用いられている。同脚注は，ここでは，本文の次のような記述に関連している。すなわち，「なぜなら，意識ですら，常に，どこまでも減少され得る度を有しているのであり，……」（B414）。「霊魂の不滅性についてのメンデルスゾーンの証明」を論駁するために，カントは，「内包量，すなわち，実在性の度^{*6}」（B414）というアドホックな概念を使用するのである。「内包量」の概念は，もちろん，ライプニッツの「微小表象」の概念に起源する。「内包量」の概念は，「諸原則の分析論」にも組み入れられている。「内包量」の概念に基づいて，カントは，「純粋悟性の綜合的諸原則」の第二原則，すなわち「覚知の予料」の原則（A166ff./B207ff.）を定式化した。「覚知の予料」の原則は，次のように定式化されている。すなわち，「すべ

第4章　カントの自我論とその歴史的背景　*83*

ての現象において，感覚の対象である，実在的なものは，内包量，すなわち度を持っている」(A166/B207)。

当該の脚注では，カントは表象の「明瞭さ」と「表象の意識」を，区別している。カントがそこでデカルトの，明晰さ・判明さという概念を，彼の論議に組み入れようとしていることは，明白である。カントは，さらに，内包量を含んでいる意識という概念，すなわちライプニッツの微小表象の概念と緊密に結合している意識の概念を，彼の論議に組み入れようとしている。同脚注が，複雑な構成になっているのは，そのことによる。

同脚注の二番目，三番目の文章は，以下のとおりである。

「しかし，一つの表象は，それのうちで意識がその一つの表象を他の諸表象から〔区別する〕区別の意識として十分であるところの一つの表象〔である場合に限り〕，明瞭である。意識が区別のためには十分ではあるが，区別の意識として十分でないならば，表象はまだ不明瞭であると言われなくてはならないであろう」(B415 fn)。

この記述において，カントは，「区別の意識」のために十分である「意識」と，「区別の意識」のために十分でない意識とを，区別している。カントによれば，前者の「意識」を伴っている表象は明瞭であり，後者の「意識」を伴っている表象は不明瞭である。カントは，「区別の意識」を伴っている表象のみが「明瞭」である，と考えている。しかし，文脈上，「区別の意識」という言葉は，デカルトの，表象の明晰さ・判明さの概念に対応する言い回しであると解釈されなくてはならない。「区別」という言葉がここでは判明さの意味で用いられているということは，明白である。同脚注においては，カントは，デカルト哲学にとって極めて重要な「明晰」・「判明」というデカルトの用語法を看過しているように思われる。

第4節　表象の明瞭さについてのカントの言及に関しての注釈の補足

先に引用した，「霊魂の不滅性についてのメンデルスゾーンの証明の論駁」の最初の脚注は，次のように結ばれている。「それゆえ，完全な消滅に至るまで，無限に多くの，意識の度が存する」(ibid.)。当該の脚注にお

いては，「明瞭」（clear）・「不明瞭」（obscure）は，「意識の度」を指意する言葉として用いられている。文脈上，「意識の度」が，当該の本文で言及されている「内包量」に対応するものであることは，明白である。霊魂の不滅性（すなわち不死性）の証明法を論駁するために，カントは，「内包量」というアドホックな概念を，第二版の誤謬推理論の章に導入した。メンデルスゾーンは，霊魂は単純な存在／実体であるゆえ，不滅であるはずであるという考え方に基づいて，霊魂の不滅性の証明を行なった。「霊魂の不滅性についてのメンデルスゾーンの 証明の論駁」の冒頭で，カントは言う。「この洞察力の鋭い哲学者〔モーゼス・メンデルスゾーン〕は，すぐに，霊魂は（霊魂が単純な存在者であるとすることが認められるときには）分解によって在ることが已むことはあり得ないということが，それによって証明される，ありふれた論拠は，消滅による霊魂の現存の終滅ということも想定され得るゆえ，霊魂に必然的永続を保証するという意図に十分でないことに気づいた」（B413）。メンデルスゾーンの霊魂の不滅性論の批判において，カントは，もし霊魂が内包量を含んでいるなら，消滅によって存在を終ることがあり得るということを，主張している。当該脚注では，カントは，霊魂の中に含まれている「内包量」に他ならない「意識の無限に多くの度」を仮定して，霊魂が「意識の度」の，換言すれば霊魂の中に含まれている「内包量」の「完全な消滅」によって存在を終ることがあり得る，と考えるのである。

　当該脚注の最初の文章に戻ろう。我々は「（正しさ及び衡平についての諸概念，そして，音楽家が多くの楽音を即興演奏において同時に奏するとき〔の〕，音楽家の諸概念のような）あれこれの概念の諸特徴」についてのカントの言及を，再検討してみたい。我々は，カントが「正しさ，衡平」の「諸概念」，そして「音楽家が多くの楽音を即興演奏において同時に奏するとき〔の〕，音楽家」の「諸概念」を，判明でない，不明瞭な「諸概念」と見なしているという可能性を否定することはできない。なぜなら，それらの表象／概念の結合について区別を立てるのは，非常に難しいからである。（「正しさ，衡平の概念」ですら，我々がそれらを哲学的概念ではなく，一般概念と見なすならば，明晰・判明であるとは見なされ

得ない。）我々は「（正しさ及び衡平についての諸概念，そして，音楽家が多くの楽音を即興演奏において同時に奏するとき〔の〕，音楽家の諸概念のような）あれこれの概念の諸特徴」についてのカントの言及が，我々は我々の明瞭な意識によって，「不明瞭な諸表象の結合」においてさえも区別を立てることができるということを例示しているという蓋然性を，否定することはできない。それゆえ，我々は，そのような解釈の蓋然性と，我々が本章，第三節で述べた我々の解釈との対応について説明しなくてはならない。この問題に関しては，我々は，当該の脚注においては，「即興演奏」という言葉が作曲のための「即興演奏」，すなわち，五線記譜のための「即興演奏」という意味で用いられているとする見解を持っている。しかし，それは，我々のアドホックな解釈であるにすぎない。当該の脚注を完全に解釈することは，容易でないように思われる。

　当該の脚注においては，カントは，デカルトの，表象の明晰性・判明性の概念に影響されて，表象の「明瞭さ」，「区別の意識」に言及している。デカルトは，表象の明晰性・判明性が真理の基準であると考えた。同脚注では，カントは，真理の基準についてのデカルトの考えには言及していない。彼は，そこでは，それのマイナスの極限が「完全な消滅」（B415 fn）に他ならない「意識の度」というアドホックな概念を組み立てる目標のためにのみ，表象の明晰性・判明性に言及している。カントは「霊魂の不滅性についてのメンデルスゾーンの証明」を，「意識の度」の「完全な消滅」という彼のアドホックな概念を使用して論駁することを，意図している。同脚注では，「意識の度」の「完全な消滅」の可能性を説明するために，カントは，表象の明瞭さと表象の不明瞭さとを対照させている。哲学的に言えば，単子論的意味での微小表象が，不明瞭な表象の典型である。

第5節　カントの合理的心理学の批判の手順へのデカルトの影響

「心理学的誤謬推理の解決の結論」の最初の段落において，カントは，伝統的な合理的心理学の手順を，次のように批判している。

　「……私は，さらに一切の現実的経験を度外視することによって，可能

的経験のために私自身について思考し，そしてそこから，私は私の経験的に規定された存在の可能的抽象化〔＝抽象化可能性〕と，私の思惟する自己の，分離されても可能な存在という誤信された意識とを混同して，私はただ，認識の単なる形式としてすべての規定作用の基礎になっている意識の統一だけを思考することによって，私の内なる実体的なものを超越論的主観として認識することを〔＝認識しているというふうに〕信ずるのである。云々」（B426f.）。

　右の引用文中には，「抽象化」（abstrahieren/Abstraktion）という言葉が記されている。この言葉の使用は，伝統的な合理的心理学の手順が抽象化の方法，すなわち，我々自身の存在についての我々の意識を，「一切の現実的経験」から抽象化する，すなわち「私の経験的に規定された存在」から抽象化する，抽象化の方法に存していたと見なすカントの見解を，明瞭に示している。「抽象化」という言葉の使用は，ここでは，伝統的な合理的心理学についてのカントの考えが，「精神と身体／物体の実在的区別」というデカルトの形而上学上の概念に著しく影響されていることを，示唆している。上引の段落では，カントは，「私の思惟する自己の，分離されても可能的な存在」，すなわち，「私の思惟する自己の，〔身体から〕分離されても可能的な存在」に言及している。その文脈においては，「分離されて」という語が「純粋な知性体」（B426）と規定される，思惟する自我の「存在」の，「私の経験的に規定された存在」からの分離ないし区別を意味していることは，明らかである。デカルト及びライプニッツ－ヴォルフ学派の形而上学者たちは，精神を身体から分離する形而上学的操作を行なった。カントは「霊魂の不死性」（『実践理性批判』）という形而上学の考えを保持しているにもかかわらず，「霊魂」についての実体論的な考えを排斥した。「霊魂」の概念は，カントによって，「思惟する自我」の概念，換言すれば，「超越論的主観」の概念に置き換えられた。カントは，抽象化の方法を用いて，「私の思惟する自我」の「私の経験的に規定された存在」からの形而上学的分離，すなわち「私の思惟する自我」の我々の経験的自己からの分離を，行なおうとしている。形而上学的分離の方法は，それに基づいてデカルトが彼の形而上学を構築した，彼の「精神と身

第4章　カントの自我論とその歴史的背景　*87*

体／物体の実在的区別」という考えに起源を発する。デカルトにとっては，「区別」の概念は，その根源において，有限実体，すなわち精神及び身体／物体の実体性を証明するための形而上学的概念であった。それとは対照的に，カントにとっては，「抽象化」の概念は，言わば現象学的概念なのである。

我々は，デカルトの方法論的懐疑を，一種の現象学的括弧入れと見なすことができる。我々は，「私は，さらに一切の現実的経験を度外視することによって……」（B426），「私の思惟する自己の，分離されても可能な存在という誤信された意識」（B427）というカントの言い回しが現象学的括弧入れの可能性を暗黙裏に示唆していることを，指摘しておきたい。言うまでもなく，フッサールの超越論的還元という現象学的手順は，デカルトの方法論的懐疑の手順に由来する。

カントは，デカルトが方法論的懐疑によって形而上学的に解明した「コーギトー」を，彼の哲学に組み入れた。彼は，合理的心理学の批判を行なうことによって，彼の自我論の構築を達成した。カントの哲学においては，思惟する自我は，明確に個別的・個体的主体と考えられている。カントの「超越論的主観」の概念は，超越論的自我の個別性・個体性を明確に指意している。超越論的自我の個別性・個体性の考えに基づいて，カントは，「人格」・「人格性」の倫理学理論を構築した。[*7]

結 論

カントは，実験的方法を用いて，認識論におけるコペルニクス的転回を達成した。コペルニクス的転回とは，この言葉の本来の意味においては，アリストテレス及びプトレマイオスの地球中心説の宇宙体系論が，コペルニクス及び彼の追随者たちの太陽中心説の宇宙体系論に，徐々に置き換えられていった，宇宙体系論における天文学の革命のことである。ニュートン物理学を始めとする自然科学の進歩の影響下で，カントは彼の超越論的哲学を構築した。カントの自我論に関しては，我々は，デカルトの影響に言及した。誤謬推理論の章そのものに関しては，我々は，カントがそこで

表象の明確さ，及び意識の度に言及している，『純粋理性批判』の中の一つの脚注，すなわちモーゼス・メンデルスゾーンの霊魂の不滅性の証明に対するカントの批判の脚注の解釈を行ない，さらに，カントの合理的心理学の批判の手順の現象学的側面を示唆する，同書の一つの段落の解釈を行なった。そのようにして，我々は，カントの自我論の特性を，それの歴史的背景との連関において解明した。

注

＊1　本章においては，我々は 'the Copernican revolution'（コペルニクス革命）という言葉を，'die kopernikanische Wendung'（コペルニクス的転回）の同義語として使用する。科学史研究においては，「コペルニクス革命」という言葉は，太陽を宇宙の中心とする，コペルニクスの宇宙体系論に起源を発し，近代物理学・近代天文学の形成及び確立に大きく貢献した科学革命の意味で使用されている。ニュートンは，ニュートン力学と規定される数学的物理学を構築した。彼は，ラプラスによって完成される，太陽系の天体力学の基礎を据えた。ニュートン物理学の体系は，彼の『自然哲学の数学的原理』において精細に叙述されている。カントが彼の純粋理性批判によって達成された「考え方の革命（Revolution der Denkart）」（Bxi）を，「コペルニクス的革命」，換言すれば，「コペルニクス的流儀の革命（a revolution in the Copernican fashion）」(Kant, Immanuel, *Critique of Pure Reason*, translated, edited, with an Introduction by Marcus Weigelt, based on the translation by Max Müller, p. xxxi) と見なしていることは，確かである。

＊2　西洋近世（初期近代）天文学においては，月は，惑星と見なされていた。そして，月の軌道の天球が，前提とされていた。

＊3　周知のように，天体望遠鏡の発明者ガリレオは，望遠鏡を用いての天体観測によって，コペルニクスの，太陽を宇宙の中心とする，宇宙体系論の発展に大きく貢献した。しかしながら，実際には，ガリレオは，潮汐が地球の自転・公転の決定的証拠，すなわち我々に，コペルニクスの，太陽を宇宙の中心とする，宇宙体系論の証明を決定的に与えるその事象であると考えたために，太陽を中心とする宇宙体系論の証明に成功してはいない。潮汐が地球と月との引力相互作用によって引き起こされるということは，アイザック・ニュートンによって解明されたのである。ニュートンによって万有引力が発見され，万有引力の法則が定式化されるまでは，潮汐のメカニズムを物理学的に解明することは，不可能であった。

＊4　「実験」という言葉は，ここでは直接的に科学実験を意味するのではない。

「コペルニクス革命」に関連する論議においては，カントは，ユークリッド幾何学がそれの典型に他ならない純粋数学，及び近代物理学，近代化学は数学者たち及び自然科学者たちの思考の投げ入れ（Hineindenken/Hineinlegen）によって，すなわち，彼ら自身によって理論的に組み立てられた仮説を，数学研究，科学研究の対象へ投げ入れて，それを実験，すなわち，数学の実験（幾何学的／解析学的吟味）及び物理学／化学の実験によって検証するという営為によって，樹立され，発展してきた，と考えている。（我々の文脈における 'Hineindenken'，'Hineinlegen' という語の用語法に関しては，Bxii, xiv を参照されたい。）それと比較すれば，コペルニクス自身が成就した天文学革命の場合には，コペルニクスの天文学上の仮説（すなわち，太陽を宇宙の中心とする，コペルニクスの宇宙体系論）の，太陽系の動力学的メカニズムへの，すなわち諸惑星及び恒星の軌道運動のメカニズムへの投げ入れは，それ自体，思考実験と規定されるべき実験であった。カントは，彼に先行する哲学者たちの認識論についての批判的思考実験を行なって，認識論における「コペルニクス革命」（「コペルニクス的転回」）を達成した。その結果，カントは，認識論の再構築を完全に達成するに至った。彼によって提唱された**超越論的観念論**に基づいて，彼は**超越論的哲学**を構築した。

＊5　自分のフロギストン学説を実験によって証明するために，シュタールは，カントが言及している実験を行なった。周知のように，ラヴォアジエは，彼によってなされた酸素の発見に基づいて，燃焼は酸化によるものとする燃焼理論を構築した。シュタールのフロギストン学説は，ラヴォアジエの燃焼理論によって完全に覆された。燃焼理論における，シュタールの燃焼理論からラヴォアジエの燃焼理論へのパラダイムシフトは，化学史における歴史的な科学革命であった。Cf. Thomas S. Kuhn, *The Structure of Scientific Revolutions*, 4th edition, 2012, pp. 56–57.

＊6　カントは言う。「その実在性の度〔＝「内包量」，すなわち「霊魂のすべての能力に関しての，それどころか一般に，現存の本質を形作るところのもののすべてに関しての実在性の度」〕は，無限に多くのより小さい度のすべてを通って減少し得るであろうし，そしてそのようにしていわゆる実体（それの持続性が，もしそうでなければきっと，ぐらついてしまうところの物）は，分解によってではないが，それにもかかわらずそれの諸々の力の漸次的衰退によって（remissio（衰退）），（したがって，この言葉を使用することがもし私に許されているならば，Elanguescenz（消衰）によって）無に変ぜられ得るであろう」（B414）。

＊7　日本人カント研究者として，私は，永井荷風の社会批判における個人主義的観点と，カントの自我論における，自我の個我性（個別性・個体性）を強調する観点とに，内在的親和性を認めることができるのではないかという自分の見解について，簡略に言及しておきたい。20世紀の日本の卓越した文人である永井荷

風は，日本の首都，東京の市中で市隠の生活を営んだ。周知のように，永井荷風は，いずれも江戸文化追憶と社会批判的見解に富んだ，数多くの艶情小説，随筆の作者である。彼は，膨大な日記『断腸亭日乗』（『断腸亭日記』）によっても有名である。

　中世の日本においては，鴨長明，吉田兼好に典型的に認められるように，文学の隠士たち／隠者たちは，孤独の個人であることを深く意識して，「das Man」（マルティーン・ハイデガー『存在と時間』）の生活の批判を行なった。荷風は，東京の市街に暮らして，文筆活動と世相の観察に専念する市隠／隠者として，彼の社会批判を行なった。荷風は，晩年は，千葉県の市川に住んだ。彼は，東京の東部の町，隅田川西岸の浅草を訪れて，彼の晩年の生活を楽しんだ。浅草では，「荷風先生」は，劇場街の踊り子たちの，人気者のアイドルであった。何年も前のことになるが，私は，日本近代文学に固有の個人主義的側面は，中世の日本の文学的隠者たちの，「ダス・マン」の生活についての批判的観点に起源を有するという蓋然性についての着想を得た。荷風文学における彼の批判的観点は，**批判的審美主義**と性格づけられる得るものである。**批判的審美主義**という荷風の個人主義的観点は，その形成において，フランス近代文学における個人主義的思潮と，西洋世界の個人主義的道徳観とに，深く影響されている。残念なことではあるが，荷風文学に認められる個人主義的見解と，カントの自我論に認められる，自我の個我性（個別性・個体性）を強調する見解との，内在的親和性について，自分の見解を英語で論述することは，英文の執筆に練達していない私には不可能である。

〔第 2 部〕

The Critical Philosophy of Immanuel Kant
and His Theory of the Ego

Acknowledgments

First and foremost, I must thank two Japanese philosophers: Takezo Kaneko and Yukiyoshi Ogura, who guided me into the study of the philosophy of Immanuel Kant when I was a graduate student of ethics.

I am grateful to the translators of Kant's and Descartes' works from which I quoted their English translations. Heartfelt thanks go to Marcus Weigelt, translator of Kant's *Critique of Pure Reason* (Penguin Classics), F. E. Sutcliffe, translator of Descartes' *Discourse on Method and The Meditations* (Penguin Classics), and Desmond M. Clarke, translator of Descartes' *Discourse on Method and Related Writings* (Penguin Classics) and *Meditations and Other Metaphysical Writings* (Penguin Classics).

Special thanks go to the editorial staff of Ibunsha Publishing Company, Tokyo, who contributed to the publication of this collected papers.

March 10, 2015   Fumitaka Suzuki

Preface

In this treatise, I would like to describe the main points of my studies in Kant's criticism of the paralogisms of rational psychology, that is, his criticism of the paralogisms of pure reason conducted in the chapter 'Of the Paralogisms of Pure Reason' of the *Critique of Pure Reason*. Antecedent to Kant, Descartes laid the foundation for the ego theory of Western modern philosophy. Accordingly, the first chapter is devoted to describing Descartes' metaphysical theory of the ego, taking into consideration the paradigm shift from Descartes' metaphysical theory of the ego to Kant's critical-philosophical theory of the ego, that is to say, the paradigm change in the ego theory through which the concept of the mind was replaced by the concept of the transcendental subject. The second chapter is devoted to clarifying the transcendental-philosophical aspect of Kant's ego theory described in the *Critique of Pure Reason* of its first edition. The third chapter is devoted to clarifying the ontological aspect of Kant's ego theory described in the *Critique of Pure Reason* of its second edition. In view of the significance of the Copernican revolution in epistemology achieved by Kant, the fourth chapter is devoted to clarifying the historical background of Kant's ego theory.

Introductory Notes

In Part Two, Kant's and Descartes' phrases and sentences are quoted from their writings in accordance with the following rules.

1. Quotes from Kant's *Critique of Pure Reason* are from the following English translation by M. Weigelt except for quotes from Kant's German originals.

   Immanuel Kant, *Critique of Pure Reason*, translated, edited, and with an Introduction by Marcus Weigelt, based on the translation by Max Müller, London: Penguin Books, 2007.

2. Quotes from Descartes' writings are from the following English translations except for quotes from Descartes' Latin originals.

   René Descartes, *Discourse on Method and The Meditations,* translated with an Introduction by F. E. Sutcliffe, Harmondsworth: Penguin Books, 1968. (In the following, this translation is referred to as '*Discourse on Method and The Meditations*'. The Preface to the French edition of *Principia Philosophia* entitled 'Letter from the Author to the Translator of the *Priciples of Philospy*, to serve as a Preface' is included in *Discourse on Method and The Meditations*.)

   René Descartes, *Meditations and Other Metaphysical Writings*, translated with an Introduction by Desmond M. Clarke, London: Penguin Books, 1998, 2000, 2003. (In the following, this translation is referred to as '*Meditations and Other Metaphysical Writings*'.)

   René Descartes, *Discourse on Method and Related Writings*, translated with an Introduction by Desmond M. Clarke, London: Penguin Books, 1999, 2003. (In the following, this translation is referred to as '*Discourse on Method and Related Writings*'.)

3. A small letter at the capital position of a word in square brackets around which quotation marks are put is a capital letter in the text

99

quoted. For example, '[t]he absolute unity' is 'The absolute unity' in the text quoted.

4. Each of the bibliographic notes in parentheses that indicates the text quoted and the corresponding page/pages relates to the quotation just before the bibliographic note. For example, '(A405)' signifies that the quotation just before it is quoted from page 405 of the first edition of the *Critique of Pure Reason*, and '(B418')' signifies that the quotation just before it is quoted from page 418 of the second edition of the *Critique of Pure Reason*.

Chapter 1
The Cogito Proposition of Descartes
and Characteristics of His Ego Theory

Introduction

As is well known, Descartes' ego theory is constructed on the basis of the Cogito ('I think'). In the *Discourse on Method*, Descartes formulated the first principle of his philosophy as 'je pense, donc je suis'. (AT Ⅵ, 32, 33). The famous formula *'cogito, ergo sum'*, which has traditionally been attributed to Descartes himself, originated actually not in his writings, but in the Latin translation of 'je pense, donc je suis'. Etienne de Courcelles, the translator of the *Discourse on Method* into Latin, translated it into the formula *'Ego cogito, ergo sum, sive existo'* (AT Ⅵ, 558). Descartes himself did not use the phrase *'cogito, ergo sum'* anywhere in his writings except for the *Search after Truth* (AT Ⅹ, 523), insofar as we can trace his writings. Even in the *Meditations on First Philosophy*, the most important work of Cartesian metaphysics, we find neither the formula *'cogito, ergo sum'*, nor the formula *'ego cogito, ergo sum'*, but only the formula *'Ego sum, ego existo'* (AT Ⅶ, 25, 27). In *The Principles of Philosophy*, this proposition is formulated explicitly as *'ego cogito, ergo sum'* (AT Ⅷ-1, 7, 9). Taking consideration of the Cartesian theory of continuous creation *(creatio continua)* that is developed especially in the *Meditations on First Philosophy* and in *The Principles of Philosophy*, we would like to assert that 'I am thinking, therefore I am' is the most appropriate English translation of *'ego cogito, ergo sum'*. In relation to our study of the philosophy of Immanuel Kant, we would like to emphasize that particularly in the second edition of the *Critique of Pure Reason*, Kant substitutes 'I think' ('Ich denke') by 'I am' ('Ich bin') where 'I think' is contextually more suitable, namely, even in the chapter 'Of the Deduction of the Pure Concepts of the Understanding' (B138 etc.). Moreover, it is noteworthy that Kant uses the phrase 'die einzelne Vorstellung, Ich bin' (A405). 'Einzelperson' is synonymous with 'Individuum'. In the phrase 'die einzelne Vorstellung, Ich bin', the word 'einzeln' is used explicitly in the sense of 'individuell'. The words 'the singular representation, I am', therefore, explicitly means 'the individual representation, I am'. Kant's expression 'the singular representation, I am' clearly suggests that he is distinctly conscious of the existential individuality of the transcendental **I**. Not only 'I think' ('Ich denke'), which is defined as transcendental apperception, but also 'I am' ('Ich bin'), which can be defined as the individual representation of our own existence, originated in the Cartesian proposition 'I think, therefore I am'. Descartes formulated the Cogito as an inferential proposition. We must notice that there is a subtle difference between the connotation of 'I think' and that of 'I am'. In order to clarify the difference between them, we would like to analyze Descartes' methodological skepticism and clarify the metaphysical significance of the Cartesian proposition 'I think, therefore I am'.

Section 1 The twofold aspect of the proposition 'I think, therefore I am'

The proposition 'I think, therefore I am' consists of two minor propositions: 'I think' and 'I am'. The former expresses the self-consciousness of the **I** himself/herself, and the latter expresses the existence of the **I** himself/herself.

The formula 'I am, I exist' ('*Ego sum, ego existo*') indicates the identity of 'I am' with 'I exist'. As is implicitly stated in the 'Second Meditation', 'I am, I exist' is formulated in its close relationship with 'I think' or 'I am thinking'. Without carrying out the methodological skepticism, it is certain that Descartes could not succeed in formulating the proposition 'I am, I exist'. In the 'Second Meditation', Descartes says:

Chapter 1 *103*

... Nonetheless I convinced myself that there is nothing at all in the world, no sky, no earth, no minds, no bodies; is it not therefore also true that I do not exist? However, I certainly did exist, if I convinced myself of something. There is some unidentified deceiver, however, all powerful and cunning, who is dedicated to deceiving me constantly. Therefore, it is indubitable that I also exist, if he deceives me. And let him deceive me as much as he wishes, he will still never bring it about that I am nothing as long as I think I am something. Thus, having weighed up everything adequately, it must finally be stated that this proposition 'I am, I exist' is necessarily true whenever it is stated by me or conceived in my mind. [(*Meditations and Other Metaphysical Writings*, pp. 23–24. AT VII, 25)]

In this quotation, it is obvious that even the authentic existential proposition 'I am, I exist' is formulated on the basis of the most fundamental fact that 'I think' or 'I am thinking', which fact was found by the **I** himself/herself at the limit of the carrying out of the methodological skepticism. The evident fact that 'I think' or 'I am thinking', which fact expresses the self-consciousness of the very subject of carrying out the methodological skepticism, was found as a phenomenological result of Descartes' methodological philosophizing. The above-quoted statement, however, suggests that the 'Second Meditation' is devoted to deducing the metaphysical certainty of the existence of the **I** as a 'thinking thing' and the metaphysical certainty of the existence of the body as an 'extended thing', of course, for the purpose of demonstrating the substantiality of the mind and that of the body afterward. It is evident that the distinction between the 'thinking thing' and the 'extended thing' is the basis for demonstrating

104

the real distinction between mind and body. In the 'Second Meditation', however, the 'mind' (*'mens'*) is defined not as a 'thinking substance' (*'substantia cogitans'*), but as a 'thinking thing' (*'res cogitans'*). Descartes considers the demonstration of the real distinction between mind and body to be indispensable for the demonstrating of the substantiality of the mind and that of the body. Accordingly, in the first half of the 'Second Meditation', Descartes' intention is directed toward deducing the existential proposition of the thinking **I**, namely, the proposition 'I am, I exist', and defining the thinking **I** as a 'thinking thing' in order to lay the foundation for his substantiality theory of the mind/ego. Descartes formulated the only absolutely indubitable evident fact, which was found at the limit of the carrying out of the methodological skepticism, into the formula 'I am, I exist'. As is well known, Descartes compared it to 'one firm and immovable point' looked for by Archimedes 'in order to move the whole earth' (*Meditations and Other Metaphysical Writings*, pp. 23–24. AT VII, 24).

With regard to the procedure for demonstrating the substantiality of the mind, we are aware of a subtle difference between the procedure in the *Discourse on Method* and that in the *Meditations on First Philosophy*.

In the *Discourse on Method*, immediately after the formulation of the first principle of his philosophy, Descartes says:

> Thus, examining attentively what I was, and seeking that I could pretend that I had no body and that there was no world or place that I was in, but that I could not, for all that, pretend that I did not exist, and that, on the contrary, from the very fact that I thought of doubting the truth of other things, it followed very evidently and very certainly that I existed; while, on the other hand, if I had only ceased to think, although all the rest of what I had ever imagined

had been true, I would have had no reason to believe that I existed; I thereby concluded that I was a substance, of which the whole essence or nature consists in thinking, and which, in order to exist, needs no place and depends on no material thing; so that this 'I', that is to say, the mind, by which I am what I am, is entirely distinct from the body, and even that it is easier to know than the body, and moreover, that even if the body were not, it would not cease to be all that it is. [(*Discourse on Method and The Meditations,* p. 54. AT VI, 32–33)]

In this argument, not only the substantiality of the mind, but also the real distinction between mind and body, is demonstrated. However, for the demonstrating of the real distinction between mind and body, the substantiality of the body (*corpus*) must be demonstrated prior to it. For the demonstrating of the substantiality of the body, it is necessary to demonstrate God's existence and God's veracity (*veracitas Dei*) prior to it. To demonstrate the real distinction between mind and body is, at least from the egological viewpoint, the most important purpose of Descartes' metaphysics, of which structure is concisely described in 'Part Four' of the *Discourse on Method.*

In the *Meditations on First Philosophy,* Descartes is clearly cognizant of the close relationship between the proposition 'I am, I exist' and the proposition 'I think' or 'I am thinking'. It is obvious that on the basis of the close relationship between them Descartes intends to deduce the metaphysical concept of the thinking thing, of course, for the purpose of demonstrating the substantiality of the mind afterward. He writes:

... What about the things, then, that I attributed to the soul? To be nourished or to walk? Since I no longer have a body, these are only fictions. To sense? But even this cannot

106

be done without a body and I seemed to sense many things while dreaming that I later realized I had not sensed. To think? That's it. It is thought. This alone cannot be detached from me. I am, I exist; that is certain. But for how long? As long as I think, for it might possibly happen if I ceased completely to think that I would thereby cease to exist at all. I do not accept anything at present that is not necessarily true. I am, therefore, precisely only a thinking thing, that is, a mind, soul, intellect or reason — words the meaning of which was formerly unknown to me. But I am a genuine thing and I truly exist. But what kind of thing? I just said: a thinking thing. [(*Meditations and Other Metaphysical Writings*, p. 25. AT VII, 27)]

In this argument, Descartes explains his procedure for demonstrating that the mind is a thinking thing. He insists that only *cogitatio* (thought) can be considered to be the attribute (*attributum*) of the thinking I (i.e. *substantia cogitans*). In the statement: 'I am, I exist; that is certain. But for how long? As long as I think, for it might possibly happen if I ceased completely to think that I would thereby cease to exist at all', Descartes refers implicitly to his conception of continuous creation (*creatio continua*). According to Descartes, without being sustained by 'God's conservation' (cf. *Meditations and Other Metaphysical Writings*, p.131/ATVII-1, 24–25), the existence of created finite substances cannot be conserved.

The I of 'I am, I exist' is 'a thinking thing', to which Descartes, in principle, applies the term 'mind' (*mens*). We would like to characterize Descartes' procedure for deducing the metaphysical concept of the thinking thing, that is, his concept of 'thinking substance' as follows: The procedure in the *Discourse on Method* is closely connected to

Descartes' conception of the substantiality of the **ego** of the '*ego cogito*'; the procedure in the *Meditations on First Philosophy* is closely connected to his conception of the existential actuality of the **ego** of the '*ego cogito*'. Nevertheless, we cannot deny that also in the *Meditations on First Philosophy* Descartes' conception of the **ego** of the '*ego cogito*' is a substantiality theory of the ego to which he applies the words: '*anima*' (the soul) or '*mens*' (the mind).

We should not disregard the indubitable fact that 'I think, therefore I am' is the first principle of Descartes' philosophy. For Descartes, 'I think, therefore I am' is the only proposition by which we can recognize the substantiality of the thinking **I**. Descartes constructed his ego theory from the standpoint of metaphysical substantialism. Modern Western metaphysics is strongly influenced by Descartes' conception of the ego, that is, his conception of the mind. In the Chapter 'Of the Paralogisms of Pure Reason' of the first edition, Kant radically criticizes the conception of the soul in the rational psychology of the Leibniz–Wolffian school. In the history of Western philosophy a remarkable paradigm shift (paradigm change) in the philosophical theory of the ego was achieved by Kant's radical criticism of rational psychology.[1] Through Kant's revolution in philosophy, the quest for the substantiality of the soul or mind changed to the quest for the intellectual act of the transcendental **I** (das transzendentale Ich). Traditional metaphysical psychology, that is, the substantiality theory of the soul or mind, changed to the theory of the transcendental **I**. According to Kant's argument, we could characterize the latter as the existential theory of the transcendental **I**. Especially in the chapter 'Of the Paralogisms of Pure Reason' of the second edition, Kant asserts that the 'I think' is nothing other than an existential proposition (ein Existentialsatz) by which the thinking **I** can perceive the existence/ reality of the thinking **I** himself/herself (cf. B422–423 fn). It is one of the chief reasons why Kant thoroughly revised the Chapter 'Of the Paralogisms of Pure Reason' of the *Critique of Pure Reason* of its second edition.

Section 2 'I think, therefore I am' as an axiomatic proposition

The Cartesian proposition 'I think, therefore I am' can be interpreted as being formulated by inference. It can also be interpreted as being formulated by intuition. This is one of the most difficult problems in interpretation of Cartesian metaphysics. With respect to this problem, Descartes himself states various opinions.

In the *Discourse on Method*, Descartes formulated the proposition 'I think, therefore I am' as if it were just an axiomatic proposition. 'I think' can be substituted for 'I doubt'. By the methodological skepticism, Descartes found the only indubitable fact, the Cogito, and formulated it as 'I think, therefore I am'. He found and formulated the first principle of his philosophy at the limit of the carrying out of the methodological skepticism. The *'Ego sum, ego existo'* means, of course, the actuality/existence of the thinking **I** himself/herself. The subject of the methodological skepticism, namely, the **I** who is carrying out the methodological skepticism, cannot doubt the existence of the **I** himself/herself. The actuality/existence of the thinking **I** is for the **I** himself/herself an evident fact deduced by intuition, which fact is absolutely indubitable. In the 'Second Replies', therefore, Descartes insists that the proposition 'I think, therefore I am or I exist ' can be formulated only 'by means of a simple mental insight' (*Meditations and Other Metaphysical Writings*, p. 80. AT VII, 140) .

On the other hand, Descartes insists that the proposition 'I think, therefore I am' must be formulated by using a syllogism, where 'I think' is the minor premise and 'therefore I am' is the conclusion.

In some writings, Descartes refers to a supposed major premise and formulates it as 'it is impossible that that which thinks does not exist' (cf. *Meditations and Other Metaphysical Writings*, p. 115/AT VⅢ -1, 8).

Such a syllogism theory (i.e. the enthymeme theory) of the proposition 'I think, therefore I am' did not originally come from Descartes' proper thought. For Descartes himself, 'I think, therefore I am' is never a proposition deduced by using a syllogism. The chief reason why Descartes thought of the necessity for the major premise of this proposition and stated the enthymeme theory of this proposition is that he had to defend his ego theory from the objections proposed by Pierre Gassendi in his 'Instantia', in which Gassendi had strongly criticized Descartes, pointing out that the Cartesian proposition 'I think, therefore I am' is deduced by using a syllogism of which major premise cannot be proved in any way. Descartes, however, assumed that it is not impossible for him to prove the hidden major premise of the supposed syllogism.

In *The Principles of Philosophy*, Descartes concludes his foregoing argument concerning the Cogito proposition as follows:

> And when I said that the proposition 'I am thinking, therefore I exist' is the foremost and most certain of all those that could occur to anyone who is philosophizing methodically, I did not thereby deny that, prior to that, one needs to know what thought is, what existence is and what certainty is; also, 'that it is impossible that that which thinks does not exist', and similar things. But because these are very simple notions and, on their own, provide no knowledge of anything that exists, I therefore did not think that they should be mentioned. [(*Meditations and Other Metaphysical Writings*, p. 115. AT VⅢ-1, 8)]

Descartes' argument is seemingly somewhat complicated. It is noteworthy that here Descartes thinks of the notion 'that it is impossible that that which thinks does not exist' not as a synthetic *a priori* judgment, but as one of the 'very simple notions'.

As far as we take account of the statement quoted above, it should be asserted that Descartes clearly distinguishes a 'simple notion' (*notio simplex*) from 'simple intuition' (*intuitio simplex*). In this context, a 'simple notion' implies a judgment or proposition gained by 'simple intuition'. In the same writing, Descartes uses the phrase 'a common notion or an axiom'. He writes:

> Now we consider all the above as things or as qualities or modes of things. When, however, we recognize that it cannot happen that something is made from nothing, then the proposition 'nothing is made from nothing' is considered, not as if it were some thing that exsists or even as a mode of a thing, but as some kind of eternal truth that is present in our mind, and it is called a common notion or an axiom. [(*Meditations and Other Metaphysical Writings*, p. 130. ATVIII-1, 23)]

Descartes explains 'a common notion or an axiom' as follows:

> Among the axioms are as the following: 'It is impossible for the same thing to be and not to be at the same time', 'whatever was done cannot be undone', 'whoever thinks is incapable of not existing while thinking', and innumerable others. It is not easy to list all of them, but it is also impossible not to know them when we have an opportunity to think about them and are not blinded by prejudices.

Chapter 1 *111*

[(*Meditations and Other Metaphysical Writings*, p. 130. AT Ⅷ-1, 24).]

It is therefore clear that Descartes thinks of '[the notion] that it is impossible that that which thinks does not exist' as one of the metaphysical 'axioms'. Here, an 'axiom' signifies not an axiom which can be proved by intuition, but an axiom which can be proved by our intellectual performance of methodological philosophizing.

When Descartes refers to his syllogism theory of the proposition 'I think, therefore I am', he insists, though implicitly, that a major premise, which can be formulated as 'everything which thinks is or exists' or as 'it is impossible that that which thinks does not exist', must be presupposed. Nevertheless, as far as his description in *The Principles of Philosophy* is concerned, 'that it is impossible that that which thinks does not exist', that is to say, that 'whoever thinks is incapable of not existing while thinking', is 'a common notion or an axiom'. Accordingly, insofar as his argument about the Cogito proposition in *The Principles of Philosophy* is concerned, it is not necessary for us to guarantee the proposition 'I am thinking, therefore I am' with any metaphysical proof. Without any foregoing premise, we can recognize that 'I am thinking, therefore I am or I exist', because we are cognizant that 'everything which thinks is or exists' is a metaphysical axiom, that is to say, a proposition which does not need to be proved in any way. For Descartes himself who is philosophizing correctly, it must be a self-evident truth 'that the proposition "I am thinking, therefore I exist" is the foremost and most certain of all those that could occur to anyone who is philosophizing methodically'. In a certain aspect, moreover, 'I am thinking, therefore I am' is a tautological proposition, as is pointed out also by Kant. We can immediately deduce 'I am'/'I exist' from 'I think'/'I am thinking'. Nevertheless, it must be noticed that Descartes' proposition 'I am thinking, therefore I am' is formulated

112

essentially as a proposition which expresses the self-consciousness of the existence of the ego, that is, the existential self-consciousness of the philosophizing subject himself/herself.

In Euclidean geometry, an axiom is defined as an intuitionally evident proposition which does not need to be geometrically proved. Equally, the Cartesian proposition 'I think, therefore I am' is an intuitionally evident metaphysical proposition which immediately expresses the self-consciousness of the existence of the **I** himself/herself who is carrying out the methodological skepticism. As far as the Cartesian proposition 'I am thinking, therefore I am or I exist' is concerned, it is very reasonable to emphasize the aspect of 'I am thinking' of this proposition. In relation to the second edition of the *Critique of Pure Reason*, however, we would like to take notice of the aspect of 'I am or I exist' of this proposition. For Descartes himself, 'I think, therefore I am' is an intuitive truth found out at the limit of the carrying out of the methodological skepticism. Consequently, it is certain that the Cartesian proposition 'I think, therefore I am' is an axiomatic proposition. Descartes' argument on the deducing of the proposition 'I am, I exist', moreover, illustrates most clearly that the proposition 'I am thinking, therefore I am or I exist' is essentially an existential proposition which expresses the self-consciousness of the existence of the **I** himself/herself who is carrying out the methodological skepticism.

Chapter 1 *113*

Section 3   Differences in the reasoning behind the formulation of the proposition 'I think, therefore I am'

We would like to consider more precisely the reason why in the *Meditations on First Philosophy* the Cogito proposition is formulated not into the formula 'I think, therefore I am' or 'I am thinking, therefore I am', but into the formula 'I am, I exist'. Even in the 'Second Meditation' in which we cannot find the formula 'I think, therefore I am or I exist', Descartes is clearly conscious of the formulation of his Cogito proposition into the formula 'I think, therefore I am or I exist' or 'I am thinking, therefore I am or I exist'. In the process of deducing the metaphysical concept of a thinking thing, Descartes writes:

> To think? That's it. It is thought. This alone cannot be detached from me. I am, I exist; that is certain. But for how long? As long as I think, for it might possibly happen if I ceased completely to think that I would thereby cease to exist at all. ... But I am a genuine thing and I truly exist. But what kind of thing? I just said: a thinking thing. [(*Meditations and Other Metaphysical Writings*, p. 25. AT VII, 27).]

It is clear that Descartes is distinctly cognizant that the fact that 'I am, I exist' can be recognized on the basis of the fact that 'I think' or 'I am thinking'.

In the 'Second Meditation', Descartes formulated the proposition 'I am, I exist' as a result of the carrying out of the existential skepticism. 'I am, I exist' is an indubitable fact that was found at the limit of the carrying out of the methodological skepticism, at which limit Descartes recognized that the existence of the subject who is carrying out the methodological skepticism cannot be doubted in any

114

way. Descartes thus deduced the concept of 'a thinking thing' and its attribute, that is, 'thought' (*cogitatio*). Logically, it is not impossible to deduce the fact that 'I am, I exist' from the fact that 'I think'. The fact that 'I think' and the fact 'I am, I exist' are inseparably related. We can also deduce the fact that 'I am, I exist' from the fact that 'I think' by immediate inference (*per consequentiae immediatae*). Nevertheless, Descartes does not consider the proposition 'I think, therefore I am' to be a proposition deduced by immediate inference. For Descartes, only syllogisms are inference in its strict sense. As is evident in the 'Second Replies', Descartes somewhat hesitates to accept the opinion that the supposed proposition, namely, the major premise of the enthymeme, must be presupposed if we would deduce the formula 'I think, therefore I am or I exist' by using a syllogism. In the 'Second Replies', Descartes writes:

> However, when we advert to the fact that we are thinking things, that is a primary notion, which is not deduced from a syllogism. Even if someone says, 'I think, therefore I am or I exist,' they do not deduce existence from thinking by using a syllogism, but they recognize it by means of a simple mental insight as something that is self-evident. This is evident from the fact that, if they deduced it by using a syllogism, they would first have to have known the major premise, 'that everything which thinks is or exists'. But they learn that much more from the fact that they experience, in themselves, that it is impossible to think without existing. The nature of our mind is such that it generates general propositions from its knowledge of particulars. [(*Meditations and Other Metaphysical Writings*, pp. 80–81. AT VII, 140–141)]

Chapter 1 *115*

Descartes insists that it is not possible for our mind to prove logically the metaphysical proposition 'that everything which thinks is or exists'. As far as we 'philosophize correctly', however, we can actually recognize the metaphysical truth, 'I think, therefore I am', 'by means of a simple mental insight' as 'something that is self-evident'. Descartes therefore asserts the significance of 'the fact that they experience, in themselves, that it is impossible to think without existing'. Prior to the statement quoted above, Descartes states:

> ... I explicitly claimed that I was speaking only about knowledge of those conclusions that we can remember when we no longer consider the premises from which we deduced them. But knowledge of principles is not usually called 'scientific knowledge' by logicians. However, when we advert to the fact that we are thinking things, that is a primary notion, which is not deduced from a syllogism. [(*Meditations and Other Metaphysical Writings*, p. 80. AT VII, 140)]

For Descartes, 'knowledge of principles' is not necessarily essential for his metaphysical argument. He aims to introduce into the metaphysics 'a primary notion' defined as 'the fact [which is intuitionally recognized "by means of a simple mental insight"] that we are thinking things', substituting it for the above-mentioned 'principles'.

We would like to make an interpretation of the sentence: 'The nature of our mind is such that it generates general propositions from its knowledge of particulars.' In one aspect, 'it is impossible to think without existing' is a proposition which is deduced by the subject of the carrying out of the methodological skepticism as a result of his/her metaphysical experience. Therefore it can also be conceived as a kind of 'knowledge of particulars'. Nevertheless, we should not

116

understand that the proposition 'I am thinking, therefore I am or I exist' can be deduced as a result of generalizing 'the fact that they experience, in themselves, that it is impossible to think without existing'. For Descartes, our recognition 'that it is impossible to think without existing' is nothing other than 'a primary notion', that is, a fact experienced phenomenologically (phänomenologisch) 'by means of a simple mental insight'. Accordingly, we should consider the fundamental principle of Cartesian metaphysics, 'I think, therefore I am or I exist', to be a phenomenologically evident principle that can immediately be deduced from 'the fact ... that it is impossible to think without existing'. Consequently, we could insist that 'I think, therefore I am or I exist' is essentially an existential proposition. The **I** of the 'I think' is not merely the **I** who is transcendental-logically postulated as the subject of carrying out the methodological skepticism, but the **I** who is actually carrying out the methodological skepticism. In the 'Fifth Replies', moreover, Descartes writes:

> When you say that I could have concluded the same thing from any of my other actions apart from thinking, you depart a long way from the truth because the only action of which I am completely certain (with the metaphysical certainty that is at issue here) is my thinking. ... The inference is certain only when applied to thought but not when applied to the motion of the body [e.g. walking], which is something non-existent in dreams during which, nonetheless, it seems to me that I am walking. Thus from the fact that I think I am walking, I infer most properly the existence of the mind that thinks this thought but not the existence of the body that walks. The same applies to other actions. [(*Meditations and Other Metaphysical Writings*, p. 96. AT

Ⅶ, 352)]

Here, the 'I think' is conceived clearly as an 'action' of the mind, and the 'action' of the mind is conceived clearly as an act of 'thinking'. Here, the 'I think' is conceived not merely as a logical function of the mind. We should add to Descartes' description quoted above our following opinion: If we want to draw the egological conclusion that 'therefore I am or I exist' from 'the major premise "that everything which thinks is or exists"', we must necessarily use the 'I think' which is nothing other than the fundamental act of our mind as the minor premise of the syllogism. The proposition 'I think, therefore I am or I exist' is formulated essentially as an existential proposition, although Descartes sometimes emphasizes the axiomatic characteristics of this proposition. Hence, the **I** of the 'I think, therefore I am or I exist' is the singular **I** who actually exists, namely, the **I** of 'the singular representation, I am' (Kant).

Section 4　Descartes' criticism of Aristotelian physics and its methodological significance

One of the ultimate purposes of Descartes' *Meditations on First Philosophy* is, of course, to demonstrate the real distinction between mind and body, and thereby to demonstrate the substantiality of the mind and that of the body. It must be noticed that the procedure of demonstrating the real distinction between mind and body is furthermore the procedure of separating our mind from our body, that is to say, the procedure of releasing our mind from our body. Moreover, the procedure of clarifying the real distinction of our mind and our body is for Descartes also the procedure of releasing our mind from the prejudices which originate from Aristotelian philosophy. Particularly

118

in *The Principles of Philosophy*, Descartes emphasizes the correspondence of the methodological skepticism to releasing our mind from 'all prejudices'. He writes:

> Thus in order to philosophize seriously and to seek the truth about all things that can be known, all prejudices should first be set aside or we should watch carefully that we do not believe any of the opinions that we formerly accepted unless we find that they are true when we subject them to a new test. Then, we must consider in an orderly way all the notions that we have in ourselves, and all and only those should be judged to be true which, considering them in this way, we know clearly and distinctly. Having done this, we shall first of all realize that we exist, insofar as we have a thinking nature. [(*Meditations and Other Metaphysical Writings*, p. 143. AT VIII-1, 38)]

In order to clarify the historical significance of Descartes' viewpoint on the scientific theories of Aristotelian philosophers, we would like to refer to the Preface to the French edition of *The Principles of Philosophy*. In the Preface entitled 'Letter from the Author to the Translator of the *Priniples of Philosophy*, to serve as a Preface' (hereinafter referred to as 'Letter from the Author'), Descartes writes:

> ... For lack of knowing this truth [i.e., the 'sovereign good, considered by natural reason without the light of faith', i.e. 'the knowledge of truth through its first causes, that is to say wisdom, of which philosophy is the study'], or — if there were some who knew it — for lack of making use of it, most of those who, in these last centuries, have aspired

Chapter 1 *119*

to be philosophers, have blindly followed Aristotle, with the result that they have often corrupted the sense of his writings, by attributing to him various opinions which he would not recognize as being his if he were to come back to this world; and those who have not followed him (among whom have been many of the best minds) did not yet fail to be imbued with his opinions in their youth, since these are the only opinions taught in the schools, and these opinions so prejudiced their minds that they were unable to arrive at the knowledge of true principles. [(*Discourse on Method and The Meditations*, pp. 177–178. AT IX -2, 7. The quotes in square brackets are taken from *Discourse on Method and The Meditations*, p. 175/AT IX-2, 4)]

Descartes performed his criticism of the philosophy of Aristotelians on the basis of the first principle of his philosophy that is formulated into the formula 'I think, therefore I am'. Descartes considers the clarity and distinctness of representations to be the authentic criteria of scientific/metaphysical truths. Descartes and his contemporary natural philosophers esteemed mathematical physics to be the prototype of the science in general, including philosophy, and endeavored to clarify the physical structure of the world.

Except for 'Part One: The Principles of Human Knowledge' in which the system of Descartes' metaphysics is described in detail, *The Principles of Philosophy* is devoted to describing the system of his physics. In the above-quoted statement, Descartes criticizes the 'opinions taught in the schools', that is, the 'opinions' of Scholastic philosophers (Scholasticism). In this context, Descartes' criticism of Scholasticism is directed not toward Scholastic metaphysics (i.e. Aristotelian metaphysics incorporated into Scholastic philosophy), but toward

120

Scholastic physics (i.e. Aristotelian physics incorporated into Scholastic philosophy). In the same paragraph of the 'Letter from the Author', Descartes goes on to say:

> And although I esteem all philosophers and do not wish to make myself odious by criticizing them, I can give a proof of my assertion which I do not believe any one of them will reject, namely, that they have all put forward as a principle something they have not known perfectly. For example, I know none of them who did not suppose heaviness to be a property of terrestrial bodies; but, although experience shows us very clearly that bodies we call heavy fall towards the centre of the earth, we do not on that account know what is the nature of this thing we call heaviness, that is to say, of the cause or principle which makes them fall in this way, and we must learn about it from another source. ...
> [(*Discourse on Method and The Meditations*, p. 178. AT IX-2, 7–8)]

Descartes refutes the dogmatic conceptions in the physics of Aristotelian natural philosophers. It is inevitable that natural philosophers who do not philosophize correctly consider heaviness to be an intrinsic property of terrestrial bodies. Galileo Galilei rejected the Aristotelian conception of the supremacy of celestial matter over terrestrial matter by his astronomical observation with his telescope. Descartes considers spatial extension (*extensio*) to be the attribute of matter/bodies. He constructed his heliocentric system on the basis of his conception of the whirling current of particles of matter, that is to say, on the basis of his vortex theory of the world/universe. His theory of the whirling current of particles of matter, that is, his vortex theory of the world is precisely described in his posthumous

Chapter 1 *121*

work entitled *Of the World or a Treatise on Light*, in which he also tries to explain mechanically the nature of heaviness, that is to say, 'the cause or principle' of the falling of terrestrial bodies toward the center of the earth. Descartes greatly contributed to the formation of the mechanical view of nature of modern science, especially that of physics.[2]

In the 'Letter from the Author', Descartes furthermore goes on to say:

> But the conclusions deduced from a principle that is not evident cannot themselves be evident, although they may be deduced from it evidently; from which it follows that none of the reasonings based on such principles could give them certain knowledge of anything, nor consequently advance them one step in the search for wisdom. ... [(*Discourse on Method and The Meditations*, p. 178. AT IX-2, 8)]

Here, Descartes' criticism of Scholastic physics is directed toward the 'principles' of Aristotelian physics. As is well known, Galileo applied the conception of the circular motion which had been attributed to the motion of heavenly bodies since Aristotelian physics to the inertial motion of bodies on the earth, and formulated the law of inertia.[3] According to Galileo's law of inertia, inertial motion must be a circular motion. Galileo's law of inertia is formulated on the basis of Aristotle's theory of motion. In the history of physics, Descartes formulated the law of inertia, that is to say, the law of uniform linear motion of inertia correctly for the first time.

Needless to say, Descartes' ego theory is influenced by modern physics. Though his ego theory is a substantiality theory of the ego, it is constructed on the basis of the philosophical and scientific thought of his contemporaries. Descartes emphasizes not only the substantiality of the ego, but also the actuality/existence of the ego of the Cogito. 'I think, therefore I am or I exist' is nothing other than Descartes' statement of his discovery (self-recognition) of the **I** who is actually thinking/philosophizing, that is to say, the discovery (self-recognition) of the actuality/existence of the thinking/philosophizing **I**.

Conclusion

At the limit of the carrying out of the methodological skepticism, Descartes found the indubitable metaphysical fact which can be formulated as 'I think, therefore I am or I exist'. Descartes' formula 'I think, therefore I am or I exist' has the twofold aspect. In one aspect, it can be characterized as an axiomatic proposition. In another aspect, it can be characterized as an existential proposition. Analyzing Descartes' metaphysical writings, we have concluded that 'I think, therefore I am or I exist' is essentially an existential proposition. Descartes' main purpose is, of course, to deduce the substantiality of the mind from the evident fact that 'I think, therefore I am or I exist' and to demonstrate thereby the real distinction between mind and body. Our study concerning the metaphysical significance of Descartes' Cogito proposition has clarified the twofold aspect of this proposition and its close relationship with his methodological skepticism. Our study has gotten the results described above.

Notes

1. The paradigm shift in the philosophical theory of the ego was accomplished by Kant, of course, on the basis of his concept of 'the transcendental subject' ('das transzendentale Subject'). Through the Copernican revolution in the theory of knowledge, Kant clarified that all the objects of our cognition, that is to say, all the appearances (*phaenomena*), are nothing other than the transcendental products of the transcendental subject through its transcendental apperception (die transzendentale Apperzeption). Surely, 'I think' ('Ich denke') is in one aspect the logical formula of the function of transcendental/ pure apperception. Nevertheless, according to Kant's transcendental philosophy, the actuality/reality (the empirical reality [die empirische Wirklichkeit]) of all the things that actually exist in the sensible world (die Sinnenwelt), that is, the actuality/reality of the sensible world itself, is transcendentally founded upon the intellectual faculty of the subject of cognition. Needless to say, transcendental apperception is the most fundamental function of human intellectual faculty. We would like to emphasize the actuality/reality of the I of transcendental apperception 'I think'. The transcendental I (das transzendentale Ich) and the I of transcendental apperception are originally one and the same I. In addition, the I of transcendental apperception 'I think' is nothing other than the transcendental subject itself which is nothing other than 'the psychological idea' ('die psychologische Idee'). Of course, the psychological idea is one of 'the transcendental ideas' ('die transzendentalen Ideen'). The psychological idea has a peculiarity in that it is nothing other than the transcendental I (i.e. the transcendental subject). In other words, the transcendental I is in itself the transcendental idea of rational/transcendental psychology. The transcendental I, moreover, is nothing other than the I who is actually taking recognition of the objects in the sensible world, that is to say, the I of transcendental apperception. We can therefore affirm that the paradigm shift in the ego metaphysics from the substantiality theory of the mind to the actuality theory of the transcendental ego was achieved on the basis of Kant's conception of the transcendental subject. Kant's theory of the transcendental **I**, of which existence we can immediately recognize by our intellectual faculty, can be characterized as the existential theory of the transcendental **I**.

2. In the formation of modern Western physics and astronomy, both of which can be characterized as mathematical sciences, metaphysical thought of natural philosophers played important roles. Descartes' conception of 'extended things', which formed the basis for the development of mathematical physics, was deduced through his criticism of Aristotelian physics, especially through his criticism of its matter theory which insists that matter contains *forma* within itself. Descartes, however, excluded the concept of heaviness and mass from his conception of 'material things'. According to Descartes, the attribute of matter is restricted to spatial extension. Descartes' contribution to the development of modern physics is in fact rather restricted. In comparison to Galileo's physics, it is undeniable that Descartes' physics is not firmly founded on the basis of experiments and observations except in his several special studies. As is clearly described in the 'Preface to the Second Edition' of the *Critique of Pure Reason*, Galileo and Evangelista Torricelli, among others, played great roles in the formation of modern physics by the use of the experimental method (cf. Bxiif.). Except for the significant influence of Newtonian physics, Kant's thought of physics is essentially under the influence of Galileo's methodology of physics. Galileo conducted his scientific researches as a mathematical philosopher. His idea of mathematical physics was followed by Descartes. By introducing the experimental method into physics, Galileo and his followers contributed greatly to the development of modern Western physics and astronomy, through which development the absolute supremacy of Aristotelian physics and Ptolemaic astronomy gradually changed to the supremacy of modern mathematical physics based on

Chapter 1 *125*

experiments and observations. Isaac Newton completed the scientific revolution of the seventeenth century, which can be considered to be one of the most remarkable scientific revolutions, by his establishment of classical mechanics. Newton as well as Galileo and his successors attached great importance to the experimental method. In order to solve the problem of accurate computation of the perigee of the moon and related problems of the lunar movement, Newton eagerly strived to be provided by John Flamsteed, the most excellent observational astronomer and the Astronomer Royal at that time, with as much observational data as possible. Moreover, Newton himself earnestly conducted various scientific experiments: optical experiments and chemical experiments. It is well known that he believed in alchemy and earnestly conducted his alchemical experiments.

3. Galileo's conception of inertial motion itself was framed through his scientific research, being influenced by the impetus theory of Jean Buridan and Nicole Oresme. Cf. Thomas S. Kuhn, *The Structure of Scientific Revolutions,* 4th edition, The University of Chicago Press, Chicago and London, 2012, pp. 119f., pp. 124f.

Chapter 2
Kant's Criticism of Rational Psychology and
His Theory of the Transcendental Ego

Introduction

In the previous chapter 'The Cogito Proposition of Descartes and Characteristics of His Ego Theory', on the basis of which chapter we are going to analyze Kant's ego theory, we have asserted that through 'the Copernican revolution' in epistemology Kant accomplished the paradigm shift in the ego theory from the substantiality theory of the mind to the theory of the transcendental **I**. In the present chapter, we would like to clarify Kant's theory of the transcendental **I** by analyzing the chapter 'Of the Paralogisms of Pure Reason' (hereinafter referred to as 'the Chapter on the Paralogisms') of the *Critique of Pure Reason* of its first edition.

Section 1　The phrase 'the proposition, I think, (taken problematically)'

In the introductory part of the Chapter on the Paralogisms, we find such a complicated phrase: 'the proposition, **I think**, (taken problematically)' (A347/B406). This phrase is used in a close relationship with Kant's conception of rational psychology. Kant thinks of the proposition 'I think' as 'the sole text of rational psychology'. He states:

> There is, therefore, an alleged science, founded on the single proposition, **I think**, the ground or absence of ground of which may well be examined here, according to the nature of a transcendental philosophy. It should not be objected that in this proposition, which expresses the perception of oneself, I have an inner experience, and that therefore the rational science of the soul, which is founded on it, can never

128

be quite pure, but rests, to a certain extent, on an empirical principle. For this inner perception is nothing more than the mere apperception, **I think**, which makes even all transcendental concepts possible, because in them we really say: I think substance, I think cause, etc. [(A342f./B400f.)]

I think is, therefore, the sole text of rational psychology, out of which it must develop all its wisdom. [(A343/B401)]

Kant does not necessarily identify the 'I think' considered to be 'the sole text of rational psychology' with the 'I think' considered to be transcendental apperception 'I think'. The latter expresses the self-consciousness of the **I** of transcendental apperception. Therefore it contains the self-consciousness of the existence of our own ego, namely, the 'I am, I exist' in the Cartesian meaning. On the other hand, the 'I think', insofar as it is conceived as 'the sole text of rational psychology', indicates nothing but a logical formula of self-consciousness in general. Kant says: 'the proposition, **I think**, (taken problematically) contains the form of any judgement of the understanding in general, and accompanies all categories as their vehicle' (A347/B406).

In the Chapter on the Paralogisms, Kant also intends to give an epistemological explanation of our representation of 'another thinking being' (i.e. the alter ego) by the use of his theory of egological transference (die egologische Übertragung). He states:

It must, however, seem strange from the very beginning, that the condition under which I think at all, and which therefore is merely a property of my own subject, should at the same time be valid for everything that thinks, and that, upon a proposition which seems to be empirical,

Chapter 2   *129*

we should venture to found an apodictic and universal judgement, namely, that everything that thinks is such as the voice of my self-consciousness declares it to be within me. The reason for this, however, is that we are constrained to attribute *a priori* to things all the properties which form the conditions under which alone we think them. Now it is impossible for me to form the least representation of a thinking being through any outer experience, but can do so only through self-consciousness. Such objects, therefore, are nothing but a transference of my own consciousness to other things, which thus alone can be represented as thinking beings. [(A346f./B404f.]

Immediately after this statement, Kant says: 'The proposition, **I think**, however, is used in this process only problematically' (A347/B405). The concept of 'a consciousness in general' ('ein Bewüßtsein überhaupt' [Akademie Ausgabe Ⅳ 300, 304]) appeared in the *Prolegomena zu einer jeden künftigen Metaphysik, die als Wissenschaft wird auftreten können* for the first time. Nevertheless, the concept of 'a consciousness in general' is not incorporated into the *Critique of Pure Reason* of its second edition. Insofar as the alter ego can be represented merely by 'a transference' of the **I** of the 'I think' to another intelligent being, it is obvious that the 'I think' of another intelligent being, that is to say, the 'I think' of the alter ego is nothing but a problematical proposition. In the 'Criticism of the Second Paralogism of Transcendental Psychology', Kant writes:

> It is manifest that if we wish to represent to ourselves a thinking being, then we must put ourselves in its place, and substitute, as it were, the object which has to be considered

by our own subject (which never happens in any other kind of investigation) .... [(A353)]

Just as in the former paralogism [i.e. the first paralogism of substantiality], therefore, so here too the formal proposition of apperception, **I think**, remains the sole ground on which rational psychology ventures upon the extension of its knowledge. This proposition, however, is not an experience, but only the form of apperception that adheres and is antecedent to every experience; but it must always be taken only as referring to a possible knowledge in general, namely, as a **merely subjective condition** of that knowledge. We have no right to turn it into a condition of the possibility of the knowledge of objects, that is, into a **concept** of a thinking being in general; but we do so because we cannot represent such a being to ourselves save by putting ourselves, with the formula of our consciousness, in the place of any other intelligent being. [(A354)]

On the basis of his theory of egological transference, Kant repeatedly explains the transcendental-logical foundation of our representation of the alter ego. He points out that 'we cannot represent such a being [i.e. the alter ego] to ourselves save by putting ourselves, with the formula of our consciousness, in the place of any other intelligent being'. According to Kant, we cannot represent to ourselves the alter ego, namely, any other thinking being except for the **I** myself, without using the egological transference mentioned above. (See also A347/B405.)

In the chapter 'Of the Deduction of the Pure Concepts of the Understanding' of the first edition, Kant did not formulate the act of

Chapter 2 *131*

transcendental apperception into the formula 'I think'. It seems that Kant's conception of transcendental apperception is not necessarily identical with his conception of the logical formula of our self-consciousness: 'I think'. Kant deduced the act of transcendental apperception (i.e. original apperception) as the most fundamental mental function of a thinking being by using the egological deduction proper to the 'Transcendental Deduction'. According to Kant's theory of knowledge (die Erkenntnistheorie), all the thinking beings are possessed of transcendental apperception common to all of them. Nevertheless, the thought of transcendental apperception conceived as a universal representation is not taken into Kant's theory of egological transference. That is why Kant conceives the 'I think' to be a problematical proposition.

Section 2 The concept of transcendental personality

In the 'Criticism of the Third Paralogism of Transcendental Psychology', Kant states:

> Like the concepts of substance and of the simple, however, the concept of personality [die Persönlichkeit] may also remain with us (insofar as it is merely transcendental, that is, as a concept of the unity of the subject which is otherwise unknown to us, but in the determinations of which there is thoroughgoing connection through apperception). In this sense, the concept [of personality] is necessary and sufficient for practical use, ... [(A365)]

On the basis of this statement of Kant, Tetsuro Watsuji wrote a prominent treatise: 'The "Person"(*Person*) and "Humanity"(*Menscheit*)

132

in Kant' ('Kant ni okeru "Jinkaku" to "Jinruisei"', in Tetsuro Watsuji, *Jinkaku to Jinruisei*, Tokyo, 1938). The basic concept in Watsuji's argument in this treatise is 'transcendental personality' ('die transzendentale Persönlichkeit' [chōetsuronteki jinkakusei]). According to Watsuji, in the 'Criticism of the Third Paralogism of Transcendental Psychology', Kant developed the concept of 'transcendental personality'. Though Kant himself did not use the term 'transcendental personality' except in his early writings, that which is thought by the expression 'a concept of the unity of the subject which is otherwise unknown to us, but in the determinations of which there is thoroughgoing connection through apperception' is, Watsuji assures, nothing other than the concept of 'transcendental personality'. It is obvious that 'the unity of the subject' by 'thoroughgoing connection through apperception' signifies 'the transcendental unity of apperception' (cf. A108 etc.). The transcendental unity of apperception consists in the epistemological function of the transcendental subject. Moreover, the concept of the 'personality' based on 'the unity of the subject' (the transcendental unity of apperception), that is, the concept of 'transcendental personality' signifies the concept of 'the transcendental subject'. Therefore transcendental personality is essentially nothing other than 'the transcendental subject' conceived to be 'the psychological idea' ('Transcendental Dialectic'). Of course, the psychological idea is one of the transcendental ideas, that is, the transcendental idea peculiar to rational psychology. In addition, Kant insists that 'the concept [of personality (Persönlichkeit)] is necessary and sufficient for practical use'.

In the above-mentioned treatise, Watsuji identifies 'humanity in the person' (Kant, *Grundlegung zur Metaphysik der Sitten*) with 'transcendental personality'. He emphasizes the universality of 'humanity in the person'. It is Watsuji's proper thought that 'humanity

Chapter 2   *133*

in the person' is nothing other than humanity in humankind (jinruisei), that is to say, humanity commonly owned by human beings as humankind. Nevertheless, he also emphasizes the singularity or individuality of the person. According to Watsuji, the **person** consists of its **psychological ego** and its **bodily ego**. The **psychological ego** is the appearance of **transcendental personality** through **time** (i.e. the pure form of inner sense), and the **bodily ego** is the appearance of **transcendental personality** through **space** (i.e. the pure form of outer sense). On the basis of such a way of thinking influenced by Martin Heidegger's fundamental ontology, Watsuji ontologically demonstrated the singularity/individuality of the **person** in the Kantian sense of the term.

In the last paragraph of the Chapter on the Paralogisms of the first edition, Kant uses a somewhat peculiar phrase 'the singular representation, I am' ('die einzelne Vorstellung, Ich bin') (A405). According to Kant, 'I think', insofar as it is conceived as 'the act [Actus] of apperception' (cf. B137), is entirely synonymous with 'I am'. Kant says: 'what is known as the Cartesian inference, *cogito, ergo sum*, is in reality tautological, because *cogito* (*sum cogitans*) predicates my reality immediately' (A355). Not only 'I am' but also 'I think', is a 'singular representation'. We can therefore replace the words 'I am' in the phrase 'the singular representation, I am' by the words 'I think'. Transcendental personality is nothing other than the **I** of transcendental apperception 'I think'. In this case, 'I think' and 'I am' are egologically one and the same representation. It is obvious that every thinking subject can immediately recognize the actuality and the singularity/individuality of his/her transcendental personality.

134

Section 3 The peculiarity of the psychological idea

Insofar as the Cartesian proposition 'I think, therefore I am' is a tautological proposition, it is certain that the self-consciousness in transcendental apperception 'I think' contains the consciousness of our own existence. Furthermore, when Kant refers to transcendental apperception, he sometimes replaces the words 'I think' by the words 'I am', and also uses such a phrase: 'with the **intellectual consciousness** of my existence, in the representation **I am**, which accompanies all my judgements and all acts of my understanding' (Bxl fn). Nevertheless, in the Chapter on the Paralogisms of the first edition, Kant does not explicitly refer to the existential characteristics of the 'I think'. Only in the introductory part of its Chapter on the Paralogisms, he refers to the existential self-perception of the **I** of pure apperception 'I think'. The existential self-perception of the **I** of pure apperception 'I think' mentioned there seems to be identical with the 'indeterminate perception' mentioned in the footnote to a paragraph at B421f. in the Chapter on the Paralogisms of the second edition, in which footnote Kant says: 'An indeterminate perception here signifies only something real, which has been given merely for thought in general, not therefore as appearance, nor a thing in itself (noumenon), but as something that indeed exists and is designated in general in the proposition, I think.' (B423 fn) We cannot disregard that this footnote begins with the following sentence: 'The **I think** is, as has been stated, an empirical proposition, and contains within itself the proposition, I exist.' (B422 fn) In this footnote, Kant defines the proposition 'I think' as an 'existential proposition'. Though there Kant insists on the intellectuality of the **I** of the 'I think', but there he does not intend to clarify the intelligibility of the **I** of the 'I think'. In the second

Chapter 2   *135*

edition, especially in the 'Refutation of Idealism' and in the argument concerning the hidden major premise of the Cartesian enthymeme (B415ff.), Kant conceives the 'I think' as an empirical proposition. The existential proposition which conceives the **I** of the 'I think' as 'something real' is essentially different from the existential proposition which we are going to analyze on the basis of Kant's concept of transcendental personality.

In his treatise 'The "Person" and "Humanity" in Kant', Watsuji clarified Kant's concept of 'transcendental personality' by introducing Martin Heidegger's fundamental ontology into his interpretation of Kant's 'Criticism of the Third Paralogism of Transcendental Psychology'. According to Watsuji, **transcendental personality** is 'Sein', and the **person** is 'das Seiende'. (cf. Martin Heidegger, *Sein und Zeit*). Insofar as **transcendental personality** is 'Sein', the 'I think' must be considered to be a transcendental existential proposition, because **transcendental personality** is nothing other than the **I** of transcendental apperception 'I think' which potentially contains within itself the authentic existential proposition 'I am, I exist' formulated by Descartes in his 'Second Meditation'.

The psychological idea which is defined as 'the absolute (unconditioned) **unity of the thinking subject**' (A334/B391) has a peculiarity in that the transcendental subject, namely, the **I** of transcendental apperception, is in itself 'the absolute unity of the thinking subject', that is, a 'transcendental idea'. Though it is transcendental-logically impossible for us to know (erkennen) the transcendental **I** in itself as the object of transcendental-psychological knowledge (Erkenntniss), the transcendental **I** in itself, that is, the **I** of transcendental apperception, is nothing other than the **I** who is actually existent as a thinking subject. We can therefore immediately recognize the transcendental unity of the thinking subject in the transcendental unity of our own apperception.[1] By his criticism of human mental faculty, Kant clarified that 'metaphysics as a science' (B22) is not possible. The possibility of rational psychology was rejected by Kant. Nevertheless, we are able to be conscious of transcendental personality in our own person. We are therefore able to recognize immediately the actuality or reality of the transcendental subject as the transcendental-logically deduced psychological idea through our self-consciousness. We are able to immediately recognize the actuality of the absolute unity of the thinking subject through our mental activity. In the 'System of Transcendental Ideas', we find such a description: '... to the purpose of carrying out our great plan, as enabling us to start from what is immediately given to us in experience — advancing from the **science of the soul** ([rational] psychology), and proceeding thence to ...' (A337/B395 fn). In this quotation, the word 'experience' does not mean an empirical experience, but a phenomenological experience, that is, the self-consciousness of the **I** of transcendental apperception. The Cartesian proposition '*Ego cogito, ergo sum, sive existo*' (AT Ⅵ, 558, Ⅶ, 140) is an existential proposition in its strict sense. Furthermore, this existential proposition is a non-empirical synthetic proposition. We cannot demonstrate the immortality of the soul by the use of this existential proposition. Nonetheless, this existential proposition indicates the singularity of the **I** of 'I think, therefore I am or I exist', which singularity of the **I** is clearly expressed in Kant's phrase 'the singular representation, I am'.

Section 4 The peculiarity of the paralogism of simplicity

In order to clarify the peculiarity of the paralogism of the simplicity of the soul, we would like to make reference to Kant's usage of the words 'something real'. For example, in the Chapter on the Paralogisms of the first edition, Kant says: 'Apperception is something real, and its simplicity is already contained in its possibility.' (B419) As is mentioned above, Kant defined the psychological idea as 'the absolute (unconditioned) unity of the thinking subject'.[2] However, 'the absolute (unconditioned) unity of the thinking subject' is different from 'the original synthetic unity of apperception' (B131), because the latter is nothing but a merely logical unity which is also expressed as an 'absolute (although merely logical) unity' (A355) or as 'an absolute, but logical, unity of the subject (simplicity)' (A356). Nevertheless, an intrinsic relationship exists between 'the absolute (unconditioned) unity of the thinking subject' and 'the original synthetic unity of apperception'. It is the chief reason why Kant characterizes 'the second paralogism of simplicity' as 'the Achilles of all dialectical inferences of pure psychology' (A351) and characterizes '[t]he proposition, **I am simple**' (A354) as the 'cardinal proposition of rational psychology' (A357).

At the footnote to the table of the division of the unconditioned unity of the thinking subject, Kant comments on the correspondence of 'the simple' (viz. simplicity) to 'the category of reality' (A404 fn). He, also in the Chapter on the Paralogisms of the first edition, assumes transcendental-logically that the representation of transcendental apperception 'I think' contains within itself 'something real' that is really simple. Insofar as the 'I think' contains within itself 'something real' that indicates the real simplicity of the **I** of transcendental apperception, the 'I think' must be considered to be an existential proposition. In the *Critique of Pure Reason* of the first edition, the 'I think' is not explicitly characterized as an existential proposition. However, it is certain that also in the Chapter on the Paralogisms of the first edition, Kant implicitly conceives of the 'I think' as an existential proposition. In the 'Criticism of the Second Paralogism of

138

Transcendental Psychology', Kant writes:

> The proposition, **I am simple**, must be considered as an immediate expression of apperception, and what is known as the Cartesian inference, *cogito, ergo sum*, is in reality tautological, because *cogito* (*sum cogitans*) predicates my reality immediately. **I am simple** means no more than that this representation, **I**, does not contain the smallest manifoldness, but that it is absolute (although merely logical) unity. [(A354f.)]

Though the proposition *'cogito, ergo sum'* is nothing but a tautological proposition, *'cogito'* signifies essentially *'sum cogitans'*. It is therefore not impossible for us to conceive the 'I think' (*'cogito'/'ego cogito'*) as an existential proposition. The simplicity of the **I** of transcendental apperception 'I think' is nothing but a logical simplicity. However, insofar as the **I** of transcendental apperception 'I think' is the **I** that actually exists, we should not disregard the possibility of recognizing the absolute unity of the thinking subject through the self-consciousness of our own existence. It is remarkable that the **I** of transcendental apperception 'I think' is in itself the transcendental subject that is nothing other than the psychological idea. The absolute unity of the thinking subject is nothing but a transcendental idea. However, insofar as the **I** of transcendental apperception is in itself the transcendental subject, the self-consciousness in transcendental apperception 'I think' is in itself nothing other than the consciousness of the actuality or reality of the transcendental subject, that is to say, the consciousness of the presence of the absolute unity of the thinking subject. The psychological idea is not a mere idea, but the idea which is accompanied by the actuality or reality of the transcendental subject.

Chapter 2 *139*

According to Kant, 'an absolute, but logical, unity of the subject (simplicity)' is essentially different from 'the actual simplicity of my subject' (A356). However, Kant assumes that the actual simplicity of the transcendental subject, which is nothing other than the psychological idea itself, is closely relevant to the logical simplicity of the thinking subject, at least in the dimension of transcendental ontology. Kant says: 'It [i.e., 'the I which adheres to the thought', i.e. the formal I of pure apperception] signifies a something in general (transcendental subject), the representation of which must no doubt be simple, because in this something we determine nothing whatsoever — and nothing can be represented more simply than through the concept of a mere something.'[3] (A355)

In addition, we would like to state our opinion about the existential aspect of the proposition 'I think, therefore I am'. Kant, also in the first edition of the *Critique of Pure Reason,* conceives the Cartesian proposition 'I think, therefore I am' as an existential proposition, and conceives the I of the 'I think' as an actually existent I. For Kant, therefore, the transcendental subject itself is also an actually existent subject. Moreover, both the I of transcendental apperception and the transcendental subject as an actually existent subject must be conceived as an individual and singular ego, because every existent ego must be actually individual and singular.[4] Consequently, we can immediately recognize the individuality or singularity of the transcendental subject. We cannot deny that the singularity of the transcendental subject, that is, the singularity of the I of transcendental apperception, is metaphysically relevant to the psychological idea of the simplicity of the soul, that is, to the psychological idea of the simplicity of 'the thinking I' (A351).

140

Section 5 The transcendental subject as the subject of inherence

In the 'Criticism of the Second Paralogism of Transcendental Psychology', Kant uses a somewhat peculiar phrase: 'a something in general (transcendental subject)'. With respect to the paralogism of the simplicity of the soul, Kant writes:

> Thus we see that the famous psychological proof is founded merely on the indivisible unity of a representation, which governs only the verb with respect to a person; but it is clear that the subject of inherence [das Subjekt der Inhärenz] is designated only transcendentally by the **I** which adheres to the thought [das dem Gedanken angehängte Ich], without our noticing the smallest property of it, in fact, without our knowing anything about it. It signifies a something in general (transcendental subject), the representation of which must no doubt be simple, because in this something we determine nothing whatsoever — and nothing can be represented more simply than through the concept of a mere something. ... [(A355)]

In this statement, 'the indivisible unity of a representation' means, of course, the indivisible unity of the **I** of 'the formal proposition of apperception, **I think**' (A354). Nevertheless, the clause: 'which governs only the verb with respect to a person' expresses an exceptional conception of the 'I think' peculiar to the 'Criticism of the Second Paralogism of Transcendental Psychology', in which the 'I think' is conceived not as the representation which indicates the transcendental subject, but as the representation which governs

Chapter 2 *141*

only 'the verb' (das Verbum), that is, only the inherence of the transcendental subject defined as 'the subject of inherence'. According to this statement, 'the [formal] **I** which adheres to the thought' is not directly identical with the **I** of transcendental apperception 'I think', that is, the transcendental subject.[5] In the introductory part of the Chapter on the Paralogisms, Kant refers to the transcendental subject as follows: 'We can, however, use as the foundation of such a science nothing but the simple and by itself perfectly empty representation, **I**, of which we cannot even say that it is a concept, but only that it is a mere consciousness that accompanies all concepts. Through this I, or he, or it (the thing), which thinks, nothing is represented beyond a transcendental subject of thoughts = x. This subject is known only through the thoughts that are its predicates, and apart from them we can never have the slightest concept of it; ...' (A345f./B403f.). According to this statement, 'the simple and by itself perfectly empty representation, **I**', which is nothing other than 'the **I** which adheres to the thought', cannot be conceived as the 'transcendental subject of thoughts'. Nonetheless, 'the thoughts that are its predicates [i.e. the predicates of the transcendental subject]' designate, though only transcendentally, 'a transcendental subject of thoughts = x'.

It is obvious that the concept of 'a transcendental subject of thoughts = x' corresponds to the concept of 'a something in general (transcendental subject)' which is also called 'a mere something'. In the chapter 'Of the Ground of the Distinction of All Objects in General into Phenomena and Noumena', Kant tries to define noumena conceived as things in themselves (Dinge an sich selbst) transcendental-philosophically by using various expressions: 'This something, however, is only the transcendental object; and by that is meant a something [ein Etwas] = x of which we do not, nay, with the present constitution of our understanding, cannot know anything whatsoever, ...' (A250); 'the

142

categories do not represent a special object given to the understanding alone, but serve only to determine the transcendental object (the concept of something in general [etwas überhaupt]) through that which is given to us in sensibility, ...' (A251); 'we must admit that the very word appearance indicates a reference to something the immediate representation of which is no doubt sensible, but which nevertheless, even without this constitution of our sensibility (on which the form of our intuition is founded), must be something in itself, that is, an object independent of our sensibility [Etwas, d. i. ein von der Sinnlichkeit unabhängiger Gegenstand].' (A252); '[The concept of a noumenon] ... implies only the thinking of something in general [Etwas überhaupt], in which I abstract from the form of sensible intuition.' (ibid.) In these cases, 'something' or 'something in general' means a noumenon, that is, a thing in itself, which is generally called 'the transcendental object' in the Chapter on the Paralogisms of the first edition.[6]

Consequently, it is obvious why Kant uses the phrase 'a something in general (transcendental subject)' in the 'Criticism of the Second Paralogism of Transcendental Psychology'. However, we cannot deny the ambiguity in Kant's argument about 'the simplicity of the representation of a [transcendental] subject'. We cannot disregard, among others, logical inconsistency in such an opinion: 'nothing can be represented more simply than through the concept of a mere something.'[7]

As is stated above, 'the subject of inherence' is nothing other than the 'transcendental subject' itself. Kant clearly distinguishes 'the subject of inference' from 'the **I** which adheres to the thought'. The latter is nothing but the **I** of 'the formal proposition' of pure apperception 'I think', that is to say, the formal **I** of the logical formula of pure self-consciousness, which **I** is also called 'the entirely empty expression **I** (which we can apply to every thinking subject)'[8] (A355).

Chapter 2   *143*

Kant's conception of the ego described in the 'Criticism of the Second Paralogism of Transcendental Psychology' suggests that he assumes the epistemological distinction between 'the subject of inference' (the transcendental subject) and 'the I which adheres to the thought' (the merely formal I of pure apperception), and thereby intends to clarify not only the impossibility of demonstrating the simplicity of the soul, but also the impossibility of knowing (cognizing) the transcendental subject in itself by rational psychology.

Section 6 Kant's theory of the community of substances

The concept of 'transcendental object' common to the thinking I and matter/bodies, that is, the concept of 'intelligible substratum', which concept is presented in the 'Criticism of the Second Paralogism of Transcendental Psychology' and is essentially relevant also to Descartes' problem of mind-body connection, is followed by the argument in the 'Consideration on the Sum Total of Pure Psychology, in Consequence of these Paralogisms' (A381–396). We should not disregard the remarkable relationship between the 'Criticism of the Fourth Paralogism of Transcendental Psychology', in which Kant intends to state his thought of transcendental idealism precisely, and the 'Consideration on the Sum Total of Pure Psychology, in Consequence of these Paralogisms'. On the basis of his thought of transcendental idealism, Kant develops his theory of the possibility of the community (die Gemeinschaft) of substances. In the Chapter on the Paralogisms of the first edition, the problem of the community (connection) between the thinking I and the human body was converted finally into the problem of the community (connection) or relationship between the transcendental subject and the world of sense (die Sinnenwelt) which is nothing other than the sum total of the

144

objects of our scientific research. As is well known, Kant generalized the traditional problem of the possibility of the connection between mind and body into the problem of the possibility of the community of substances in general, being influenced by Leibniz's theory of the predetermined harmony of monads. We should not disregard the transition of the point of the argument about the possibility of the community of substances in Kant's philosophy. The transition of the point of the argument about the problem of the community theory from the problem of the connection of the mind with its body to the problem of the possibility of the community of the thinking **I** and the world of sense is closely relevant to Kant's intention of expounding his thought of transcendental idealism. According to transcendental idealism, all the entities in the world of sence are the transcendental products of our epistemological subjectivity.

With respect to the problem of the connection of the mind with its body, Kant presents his proper opinion based on his transcendental idealism. According to Kant, the difficulties in metaphysical foundation of the connection of the mind with its body originate in a certain transcendental realism that does not think of the body as a representation of the transcendental **I** (cf. A389ff.).

All the theories concerning the connection between mind and body: the physical influence theory, the predetermined harmony theory, and the supernatural assistance theory were rejected by Kant in a lump (cf. A390). He states:

> The notorious problem, therefore, as to a possible community between the thinking and the extended, would, when all that is merely imaginative is separated, come to this: **How is outer intuition**, namely, that of space (or what fills space with shape and motion) **possible in any thinking**

Chapter 2 *145*

subject? To this question, however, no human being can find an answer, and instead of attempting to fill this gap in our knowledge, all we can do is to indicate it by ascribing outer appearances to a transcendental object — an object which is the cause of this kind of representations, but of which we shall never have any knowledge, and of which we shall never be able to form any concept. [(A392f.)]

In the succeeding paragraph, Kant refers again to the problem of the possible community between the thinking subject and the extended things, in Kant's words, 'the community of the thinking being and the extended beings' ('die Gemeinschaft zwischen dem denkenden und den ausgedehnten Wesen'[Akademie Ausgabe]). He states:

The settlement of all the disputes and objections concerning the state of a thinking nature before this community with matter (before life), or after the cessation of such community (in death), depends on the remarks which we have just made about the community of the thinking and the extended being[s]. ... [(A393f.)]

Kant's phrase 'die Gemeinschaft zwischen dem denkenden und den ausgedehnten Wesen' signifies the community of the thinking subject and the extended entities in general. It is obvious that the point of Kant's argument about the problem of the community of substances has shifted here entirely from the problem of the community of the thinking subject (the transcendental subject) with his/her body (the human body) to the problem of 'the community of the thinking being and the extended beings', that is to say, to the problem of the community (connection/relationship) of **the transcendental subject**

146

with **the corporeal world** (die körperliche Welt) as the sum total of the extended beings, that is, **the world of natur** as **the world of sense** (the sensible world).[9] However, interpretation of Kant's argument about the foundation of the community or relationship between the thinking subject and the corporeal world on the basis of his thought of transcendental idealism is not the subject of our present study.

Conclusion

In this chapter, we have made an interpretation of Kant's theory of the transcendental ego by analyzing the Chapter on the Paralogisms of the *Critique of Pure Reason* of its first edition. We have demonstrated the peculiarity of the psychological idea ('the transcendental subject') by clarifying that it is nothing other than the **I** of transcendental apperception of which actuality we are able to be directly conscious of. Thus, we have clarified the transcendental and ontological characteristics of Kant's concept of the transcendental ego.

Notes

1. In the 'Criticism of the Second Paralogism of Transcendental Psychology', Kant says: 'So much, then, is certain: that through the **I**, I always think an absolute, but logical, unity of the subject (simplicity); but not that I thereby know the actual simplicity of my subject.' (A356) The transcendental unity of apperception is 'an absolute, but logical, unity of the subject'. The transcendental unity of apperception does not signify the actual, substantial simplicity of the thinking **I**. Nevertheless, we cannot deny that Kant develops his criticism of the paralogism of the simplicity of the soul by taking into consideration a transcendental relationship of the transcendental

unity of apperception with the supposed substantial unity of the thinking **I** (i.e. the transcendental subject) .

2. In the concluding part of the Chapter on the Paralogisms of the first edition (A396–405), Kant presents the table of the division of 'the unconditioned unity' in '[t]he synthesis of the conditions of a thought in general' (cf. A397), in which table 'the unconditioned unity' which corresponds to the paralogism of the simplicity of the soul is defined as '[t]he **unconditioned unity of the quality**, that is, it knows itself not as a real whole, but as **simple**.' (A404)

3. Kant insists that 'The simplicity of the representation of a subject, however, is not therefore a knowledge of the simplicity of the subject itself' (A355). We cannot regard the logical, mere formal unity of apperception as the absolute, necessary unity of the thinking subject, that is, the substantial simplicity of the transcendental subject. However, as is mentioned in the Chapter on the Paralogisms of the second edition, 'Apperception is something real, and its simplicity is already contained in its possibility.' (B419) It should not be disregarded that Kant conceives the **I** of pure apperception as a 'purely intellectual [representation]' (cf. B423 fn) also in the second edition. It seems that in both editions Kant thinks about the reality or actuality of the **I** of pure apperception, and thinks about the real or actual simplicity of the **I** of pure apperception. Transcendental-logically, it is not impossible to think of the simplicity of the **I** of pure apperception as being potentially relevant to 'the absolute (unconditioned) **unity of the thinking subject**', that is, the psychological idea itself.

4. In the *Critique of Pure Reason*, the phrase 'I think' is sometimes replaced by the phrase 'I am'. For example, Kant describes: 'They [i.e. the assertions of pure psychology] ought therefore to rest on principles and on universal concepts of thinking natures in general.

Instead of this, we find that the singular representation, I am, governs them all. This representation, for the very reason that it expresses (indeterminately) the pure formula of all my experience, claims to be a universal proposition valid for all thinking beings; ... ' (A405. cf. B404).

5. In contrast, in the Chapter on the Paralogisms of the second edition, Kant asserts that the 'I think', which is conceived there as an empirical proposition, directly indicates the actuality (existence) of the thinking **I**. Kant says: 'The **I think** is, as has been stated, an empirical proposition, and contains within itself the proposition, I exist.' (B422 fn), and he defines 'the proposition, I think' as an 'existential proposition'(B423 fn). Moreover, he insists that the reality (existence) of the **I** of the 'I think' can be characterized as 'something real' ('etwas Reales') which is also defined as '[a]n indeterminate perception' ('eine unbestimmte Wahrnehmung' [ibid.]).

6. We usually use the term 'the transcendental object' in the sense opposite to 'the transcendental subject'. However, it seems that Kant does not necessarily discriminate between 'the transcendental subject' and 'the transcendental object'. In the 'Criticism of the Second Paralogism of Transcendental Psychology', he writes: 'But although extension, impenetrability, cohension and motion — in short, everything that the outer senses can give us — can neither be nor contain thoughts, feeling, inclination or resolution (these never being objects of our intuition), nevertheless the something which forms the foundation of outer appearances, and which affects our sense in such a way that it obtains the representations of space, matter, shape, etc., might yet, if considered as noumenon (or better, as a transcendental object) be at the same time also the subject of our thoughts —...' (A358). Kant thinks about the possibility that 'a transcendental object' can be at the same time also 'the subject of

Chapter 2 *149*

our thoughts', that is, the transcendental subject. Moreover, in the 'Criticism of the Second Paralogism of Transcendental Psychology', he uses such an expression: 'the thinking **I**, or the soul (a name for the transcendental object of inner sense)' (A361). In the Chapter on the Paralogisms, hereafter, instead of the words 'the transcendental subject', the words 'the transcendental object' are applied also to the thinking **I** as a noumenon. Kant assumes that 'the substratum' of the thinking subject and that of his/her body are probably one and the same entity. In the 'Criticism of the Second Paralogism of Transcendental Psychology', he writes: 'But what we call matter is only outer appearance, the substratum of which cannot be known through any predicates that we can assign to it. I can therefore very well suppose that this substratum in itself is simple [in the transcendental sense of the word], although by the manner in which it affects our senses it produces in us the intuition of something extended, and therefore composite. I may further suppose, therefore, that the substance, which with respect to our outer sense possesses extension, might very well be in itself cohabited by thoughts which can be represented consciously by its own inner sense. In such a way the same thing which in one respect is called corporeal would in another respect at the same time be a thinking being; and although we could not intuit its thoughts, yet we could see the signs of them in appearance.' (A359) The paragraph concerned is concluded as follows: '... and we should return to the common expression that human beings think, that is, that the same thing which, as an outer appearance, is extended, is internally, in itself, a subject, and is not composite, but is simple and thinks.' (A359f.) In the succeeding paragraph, he writes: 'But without indulging in such hypotheses, we can make this general remark, that if I understand by soul a thinking being in itself, then the very question as to whether or

150

not the soul be at the same in kind as matter (which is not a thing in itself, but only a kind of representations in us) would be absurd; for so much at all events must be clear, that a thing in itself is of a different nature from the determinations which constitute merely its state.' (A360); 'If, on the contrary, we compare the thinking **I**, not with matter but with the intelligible that forms the foundation of the outer appearances which we call matter, then it follows, since we know nothing whatever of the intelligible, that we have no right to say that the soul is in any respect internally different from it.' (ibid.) In the second of the two quotations from A360, the words 'the substratum' are replaced by the words 'the intelligible', which signify the thing in itself (Ding an sich selbst). According to Kant, we should not deny the possibility that in the dimension of 'the intelligible' (the thing in itself), the thinking **I**, which is nothing other than the transcendental subject, cannot be distinguished from 'the substratum of matter' (A359).

7. Kant refers here to 'the concept of a mere something', considering its correspondence to the sentence: 'It signifies a something in general (transcendental subject) ...' Kant applies 'the concept of a mere something', that is, the concept of 'a something in general' to the 'transcendental subject' because we cannot know (erkennen) the 'transcendental subject' in itself. The 'I think' is nothing but the logical formula of our pure consciousness. The 'I think' indicates merely the logical, entirely empty simplicity of the **I** of pure apperception. Kant says: 'The simplicity of the representation of a subject, however, is not therefore a knowledge of the simplicity of the subject itself, because we abstract altogether from its properties when we designate it solely by the entirely empty expression **I** (which we can apply to every thinking subject).' (A355)

8. Kant's conception of the 'I think' is not necessarily unequivocal.

In the expression 'the formal proposition of apperception, **I think**' (A354), the 'I think' means nothing but 'the form of apperception' (cf. ibid.), that is, 'the formula of our consciousness'. (The latter words are used in such a description: 'we cannot represent such a being [i.e. a thinking being in general] to ourselves save by putting ourselves, with the formula of our consciousness, in the place of any other intelligent being.' (ibid.)) However, insofar as we conceives the 'I think' as that of transcendental apperception, which can be defined as 'the act of apperception, **I think**' (B137), the **I** of the 'I think' cannot be separated from its act of thinking, that is, from its verb: 'think'. Logically, we can never discriminate 'the subject of inherence' from 'the **I** which adheres to the thought'.

9. As to Kant's conception of the problem of the community between the thinking subject and the corporeal world, see also the following quotes: 'The opinion that the thinking subject was able to think before any community with bodies would assume the following form: ... The other opinion, that after the cessation of its community with the corporeal world the soul can continue to think, would be expressed as follows: ...' (A393f.); 'We thus see that all the wrangling about the nature of a thinking being and its connection with the corporeal world arises simply from our filling the gap, in regard to something of which we are wholly ignorant, with paralogisms of reason, and from thereby turning thoughts into things and so hypostatizing them.' (A395)

Chapter 3
Kant's Criticism of Rational Psychology and
the Ontological Aspect of His Ego Theory

Introduction

Kant's main purpose in the Chapter 'Of the Paralogisms of Pure Reason' (the Chapter on the Paralogisms) of the *Critique of Pure Reason* of its first edition is to criticize radically the rational psychology of the Leibniz–Wolffian school. In contrast, Kant's main concern in the Chapter on the Paralogisms of its second edition is to point out the existential (viz. ontological) characteristics of the 'I think' on the basis of which the rational psychology has been constructed. In this chapter, we would like to clarify the ontological aspect of Kant's ego theory, mainly by analyzing the Chapter on the Paralogisms of the second edition.

Section 1   Kant's references to the existential aspect of the Cogito

The existential aspect of the 'I think' was sometimes referred to also in the Chapter on the Paralogisms of the first edition of the *Critique of Pure Reason*. The Chapter on the Paralogisms is drastically revised in the second edition. Nevertheless, the introductory part of the Chapter on the Paralogisms on pages A341–347/B399–406 is, except for a brief addition to the last sentence, not revised at all. In the Chapter on the Paralogisms of the second edition, however, the criticism of the rational psychology (*psychologia rationalis*) of the Leibniz–Wolffian school is conducted in restricted paragraphs, namely, on pages B406–413. In the Chapter on the Paralogisms of the second edition, Kant mainly intends to develop his ego theory in connection with Descartes' and his followers' metaphysical theory of the ego. It is noteworthy that Kant refers to the 'inner perception' of our own ego even in the above-mentioned introductory part of the Chapter on the Paralogisms. He

154

says:

> ... It should not be objected that in this proposition [i.e.,
> the proposition, **I think**], which expresses the perception of
> oneself, I have an inner experience, and that therefore the
> rational science of the soul, which is founded on it, can never
> be quiet pure, but rests, to a certain extent, on an empirical
> principle. For this inner perception is nothing more than
> the mere apperception, **I think**, which makes even all
> transcendental concepts possible, because in them we really
> say: I think substance, I think cause, etc. [(A342f./B400f.)]

Just as Descartes formulated the Cogito proposition as '*ego cogito, ergo sum, sive existo*', the self-consciousness of the thinking **I** (i.e. the consciousness of its transcendental act: 'I think') contains within itself a self-perception of the existence of the thinking **I** itself (i.e., a perception of the fact that 'I am or I exist'). We should not disregard the fact that Kant makes a clear distinction between an 'inner perception' (viz. a 'perception in general') and an 'empirical knowledge'.

The above-quoted statement continues as follows:

> This inner experience in general and its possibility, or
> perception in general and its relation to other perceptions,
> without any particular distinction or determination of
> them being given empirically, cannot be regarded as
> empirical knowledge; it must, on the contrary, be regarded
> as knowledge of the empirical in general, and belongs
> therefore to the investigation of the possibility of any
> experience, which investigation is certainly transcendental.
> The smallest object of perception (for instance, even

Chapter 3 *155*

just pleasure and displeasure), if added to the general representation of self-consciousness, would at once change rational into empirical psychology. [(A343/B401)]

Here, 'inner perception' is conceived as 'perception in general' or 'inner experience in general'. Though the 'I think' is nothing other than the pure formula of transcendental apperception, it contains within itself 'the [inner] perception of oneself'. That is why Kant thought out his theory of egological transference. Because it is not possible to generalize 'the act of apperception, **I think**' (B137) into 'a consciousness in general' ('ein Bewußtsein überhaupt' [*Prolegomena*]), Kant used a somewhat complicated phrase: 'the proposition, **I think**, (taken problematically)' (A348/B406).

Section 2   The phrase 'the singular representation, I am'

It is remarkable that in the last paragraph of the Chapter on the Paralogisms of the first edition, Kant used a somewhat peculiar phrase: 'the singular representation, I am' (A405). This phrase suggests that Kant's criticism of rational psychology was conducted in a close relationship with his conception of Descartes' ego theory, because 'the singular representation, I am' is nothing other than the 'I am, I exist' formulated in Descartes' 'Second Meditation'. In the Chapter on the Paralogisms of the first edition, Kant intends to criticize the traditional rational psychology of the Leibniz–Wolffian school of which metaphysical theory, namely, the theoretical system of the Leibnitz–Wolffian philosophy, is precisely described in Baumgarten's *Metaphysica* which was used by Kant as the textbook of his lecture on metaphysics at the university. Nevertheless, we cannot deny that Kant intends there to accept Descartes' thought of the ego as far as it is possible.

156

Not only *'Ego sum, ego exist'* (AT VIII-1, 7, 9), but also *'Ego cogito, ergo sum, sive existo'* (AT VI, 558, cf. VII, 140), can be characterized as an existential proposition. The proposition, 'I am thinking, therefore I am or I exist', expresses the existence of the thinking **I** evidently. In the *Discourse on Method*, Descartes says: 'When I noticed that this truth "I think, therefore I am" was so firm and certain that all the most extravagant assumptions of the sceptics were unable to shake it, I judged that I could accept it without scruple as the first principle of the philosophy for which I was searching.'(*Discourse on Method and Related Writings*, p. 25. AT VI, 32) Descartes accepted the proposition, 'I think, therefore I am', as 'the first principle of the philosophy for which I [Descartes] was searching' because it can be sustained against 'all the most extravagant assumptions of sceptics'. We should not disregard the fact that the phrase 'the first principle' is used here in the sense of the Archimedean point on which authentic philosophy should be constructed. In the *Meditations on First Philosophy*, 'the first principle' is conceived explicitly as the Archimedean point. Descartes says: 'Archimedes looked for only one firm and immovable point in order to move the whole earth; likewise, I could hope for great things if I found even the smallest thing that is certain and unmoved' (*Meditations and Other Metaphysical Writings*, p. 23. AT VII, 24). At the limit of carrying out the methodical skepticism, Descartes found out the only indubitable truth, 'I am, I exist', as the Archimedean point of his philosophy. Accordingly, Descartes' discovery of the truth, 'I think, therefore I am', was essentially the discovery of the evidence or certainty of the existence of the thinking **I**.[1] Nothing but the thinking **I** can be the subject of **philosophizing** in its proper sense.

In the phrase 'the singular representation, I am', the words 'I am' express not only the existence or actuality of the **I** of pure apperception 'I think' (i.e. the **I** of 'a consciousness in general'), but also the existence or actuality of the singular and individual **I**. Thus, the *Critique of Pure Reason* of its first edition also suggests the existential aspect of Kant's conception of the ego, that is to say, the ontological aspect of his ego theory.

Section 3　'I think' and inner perception

In the Chapter on the Paralogisms, the distinction between transcendental apperception 'I think' and inner perception of the existence of our own ego is not necessarily clear. In the paragraph just in front of that which concludes the introductory part of the Chapter on the Paralogisms, Kant writes:

> The proposition, **I think**, however, is used in this process only problematically; it is not used insofar as it may contain the perception of an existence (the Cartesian *cogito, ergo sum*); but, with regard to its mere possibility, it is used in order to see what properties may flow from such a simple proposition to its subject (whether such a subject exists or not). [(A347/B405)]

It is obvious that in this quotation, 'the Cartesian *cogito, ergo sum*' is conceived as the proposition which contains 'the perception of an existence' of the thinking **I** itself. That is why in a foregoing paragraph Kant referred to the 'inner perception' of the thinking **I** as 'perception in general'. Especially in the *Critique of Pure Reason* of its second edition, 'I think' is sometimes replaced by 'I am'. In such cases, 'I am' expresses nothing but the transcendental, pure apperception in which any 'inner perception' is not contained. Nevertheless, we cannot deny that Kant conceives that the 'I think' as 'the act of apperception, **I think**' is also

158

an existential proposition which expresses the self-perception, that is, the 'inner perception' of the thinking **I** itself.

According to the 'Transcendental Deduction', it is unthinkable that 'the act of apperception, **I think**' contains within itself the inner perception of the existence of the **I** of transcendental apperception. The 'I think' must, therefore, be conceived to be the mere logical formula of transcendental apperception, that is, the formula of pure self-consciousness of the thinking **I**. Furthermore, in a paragraph of the 'Criticism of the Second Paralogism of Transcendental Psychology', Kant writes:

> The proposition, **I am simple**, must be considered as an immediate expression of apperception, and what is known as the Cartesian inference, *cogito, ergo sum*, is in reality tautological, because *cogito* (*sum cogitans*) predicates my reality immediately. [(A354f.)]

In this quotation, the Cartesian proposition '*ego cogito, ergo sum*' is conceived to be a tautological proposition. Accordingly, the 'I think' of transcendental apperception is conceived to be nothing but 'the formula of our consciousness' (A354).

Kant's conception of the 'I think' of transcendental apperception, however, is somewhat complicated. In the 'Criticism of the Fouth Paralogism of Transcendental Psychology', he states:

> Perception is a modification of inner sense, and the existence of the actual object can be added to it, as being its external cause, only in thought, and thus can only be inferred. Hence Descartes was justified in limiting all perception, in the narrowest sense, to the proposition, I (as a thinking being)

am. For it must be clear that, since what is without is not within me, I cannot find it in my apperception, nor therefore in any perception which is in reality only the determination of apperception. [(A 367f.)]

At all events, the existence of the latter ['actual external objects'] is only inferred, and is liable to the dangers of all inferences, while the object of inner sense (I myself with all my representations) is perceived immediately, and its existence does not admit of being doubted. [(A368)]

Insofar as we conceive '*ego cogito, ergo sum*' to be an authentic existential proposition, we have to regard this proposition as being formulated upon the category of 'existence'. The 'I think' is essentially a pure representation of transcendental apperception. Nevertheless, as is pointed out by Kant, the '*ego cogito*' ('I think') is essentially related to our self-perception of the existence of our own ego which is 'perceived immediately'.

It is noteworthy that in the 'Criticism of the Fourth Paralogism of Transcendental Psychology'[2] (A edition) and the 'Refutation of [Dogmatic] Idealism' (B edition), Kant conceives the 'I think' as an empirical proposition. In the 'Refutation of [Dogmatic] Idealism', Kant, though dogmatically, regards Descartes' ontological viewpoint on the world as 'the theory which declares the existence of objects in space outside us as ... merely doubtful and **not demonstrable**', and he defines Descartes' 'idealism' as 'the **problematic** idealism of **Descartes**, who declares only one empirical assertion to be indubitable, namely, that of **I am**' (B274). Here, the words 'I am' are used in the sense of 'I am or I exist' in the proposition 'I think, therefore I am or I exist', and the 'I am' is conceived explicitly as an 'empirical assertion'. On

160

the basis of the indubitable certainty of the actuality/existence of the thinking **I** (i.e. the **I** of apperception 'I think'), Kant intends to establish transcendental-philosophically the foundation of the reality/existence of the objects of outer sense, that is to say, the reality of the world of sense.[3] Thus, he tries to lay the foundation for his **empirical realism**. The '[t]heorem' of the 'Refutation of Idealism', which expresses the empirical reality of the world of sense, is formulated as 'The mere, but empirically determined, consciousness of my own existence proves the existence of objects in space outside myself.' (B275)

Section 4   The 'I think' as a proposition which includes an existence

The criticism of rational psychology which was conducted synthetic-methodically also in the second edition (B406–413) is, after being interrupted with the 'Refutation of Mendelssohn's Proof of the Permanence of the Soul' (B413–415/418fn), followed by an analytic-methodically conducted criticism of rational psychology (B415–422/423fn). In the table on page B419, the elementary propositions of rational psychology are, being entirely revised, listed in their analytic connection. Kant writes:

> If, on the contrary, we proceed **analytically**, taking the **I think**, a proposition that already includes an existence, as given, and hence also taking modality as given, and then analysing this proposition in order to find out its content, so as to discover whether and how the **I** determines its existence in space and time solely through that content, then the propositions of rational psychology would not start from the concept of a thinking being in general, but from an actuality; and we should infer from the manner in which

Chapter 3   *161*

this reality is thought, after everything that is empirical in it has been removed, what belongs to a thinking being in general. This is shown in the following table: ... [(B418f.)]

In this statement, 'the **I think**' is conceived as 'a proposition that already includes an existence, as given', that is to say, as an existential proposition in its proper sense. Accordingly, the first proposition in the table, 'the **I think**', is conceived as a proposition which corresponds to one of the categories of 'modality', that is, the category of 'existence'. In the footnote to the table named 'The topic of the rational science of the soul' (A344/B402), in which four elemental propositions of rational psychology are systematically listed in their synthetic connection, the proposition, 'It is in relation to **possible** objects in space.' (ibid.), is related to 'the category of **existence**' (A344f./B402f. fn). The '**possible** objects in space', of course, corresponds to the category of '**possibility**'. Accordingly, the **possibility** of '**possible** objects in space' is contrasted with the **existence** of 'the soul' assumed to be substance. (In rational psychology, the **I** of the 'I think' is assumed to be substance.) Kant's main purpose in the 'Criticism of the Fourth Paralogism of Transcendental Psychology' (A366–380) was the refutation of the **dogmatic idealism** of Berkeley and that of the **sceptical/problematic** idealism of Descartes (cf. A377, B274). It is in 'The Postulates of Empirical Thought in General' (B265–287) that Kant conducted his criticism of **dogmatic idealism**, and formulated the above-mentioned theorem: 'The mere, but empirically determined, consciousness of my own existence proves the existence of objects in space outside myself.'

In the introductory part of the Chapter on the Paralogisms, Kant says: '**I think** is, therefore, the sole text of rational psychology, out of which it must develop all its wisdom.' (A343/B401); 'We shall therefore follow the guidance of the categories, with only this difference, that since it is a thing that is given first here, namely, I as a thinking being, we must begin with the category of substance, by which a thing in itself is represented, and then proceed backwards, though without changing the order of the categories among one another, as given before in our table.' (A344/B402) In the second edition, on pages B406–413, Kant accomplished his criticism of the rational psychology of the Leibniz-Wolffian school, especially the radical criticism of the substantialistic aspect of traditional rational psychology, on the basis of which criticism, Kant clearly recognized the existential aspect of the 'I think'. Kant insists that in order to make an analytic-methodically listed table of the elemental propositions of rational psychology, 'everything that is empirical in it [i.e., in "the concept of a thinking being in general"]' must be removed (B418f.). Nevertheless, he does not intend to reject entirely every empirical aspect of the 'I think'. At the beginning of the footnote to the paragraph on pages B421–422, he says: 'The **I think** is, as has been stated, an empirical proposition, and contains within itself the proposition, I exist.' (B422 fn)

In the topic (die Topik) of rational psychology peculiar to the second edition, the elemental propositions of rational psychology are tabled in the following order: 1. '**I think**,' 2. '**as subject**,' 3. '**as simple subject**,' 4. '**as identical subject**, in every state of my thought.' (B419) It must be noticed that this table begins with a simple proposition which expresses nothing but our own self-consciousness: 'I think'. In this table and related explanations, Kant does not refer to '**possible** objects in space' (A344/B402), in other words, the **possibility** or **probability** of the reality/actuality of the objects in space. The proposition 'I think' presented here is nothing other than the 'I think' of the Cartesian proposition 'I think, therefore I am or I exist'. In this table and related explanations, the 'I think' is not conceived merely as 'the sole text of rational psychology, out of which it must develop all its

Chapter 3 *163*

wisdom' (A343/B401). The 'I think' is conceived there essentially as the proposition which immediately expresses 'an actuality' (B418), that is, the actuality (die Wirklichkeit) of the **I** of the 'I think'. Conforming to Descartes' formula 'I think, therefore I am or I exist', in which the 'I think' expresses the actuality/existence of the thinking **I** immediately, Kant takes the 'I think' 'as given', in other words, as **actual (wirklich)**. Accordingly, Kant conceives the 'I think' as an existential proposition 'I am' or 'I exist'. In comparison with the first edition, Kant's conception of the 'I think' in the Chapter on the Paralogisms is radically converted in the second edition. Generally speaking, in the second edition, except in his epistemological argument in the 'Transcendental Deduction', the 'I think' is referred to mainly with respect to its existential aspect. In the paragraphs on pages B418–420, moreover, as is signified in the phrase, 'after everything that is empirical in it has been removed', the 'I think' is clearly conceived to be the pure consciousness of the actuality/existence of the thinking **I** itself. In the same paragraphs, Kant states his opinion about the second, third, and fourth proposition in the above-cited table of the topic of rational psychology, conceiving each of them as an a priori proposition. He states:

> As it is not determined in the second proposition whether I can exist and be thought only as a subject, and not also as a predicate of something else, the concept of subject is here taken merely logically, and it remains undetermined whether or not we are to understand by it a substance. In the third proposition, however, the absolute unity of apperception — the simple **I** in the representation to which all combination or separation that constitutes thought refers — has its own importance, although nothing is established as yet with regard to the constitution of the subject or

its subsistence. Apperception is something real, and its simplicity is already contained in its possibility. In space, however, there is nothing real that is simple; for points (the only simple things in space) are merely limits, and not themselves something which, as a part, serves to constitute space. From this follows the impossibility of explaining the constitution of myself, as merely a thinking subject, in the terms of **materialism**. [(B419f.)]

In this quotation, except for the reference to the real simplicity of 'apperception' and to 'materialism', Kant explains the essentials of his conception of rational psychology and his procedure of the criticism of rational psychology which are described on pages B406–413. It must be noticed, however, that Kant's reference to the reality and simplicity of apperception is in this case essentially connected with his conception of the 'I think'. Kant conceives the **I** of the 'I think' as the **I** of the 'I am'/'I exist'. Accordingly, for Kant the actuality/reality of 'the act of apperception, **I think**' is in itself nothing other than an indubitable self-evident fact.

As regards to the phrase, 'we proceed **analytically**, taking the **I think**, a proposition that already includes an existence, as given, and hence also taking modality as given,' we cannot disregard the inconsistencies in Kant's conception of rational psychology, especially the inconsistency in his conception of the 'I think'. The above phrase signifies that in this case the 'I think' which is taken 'as given'[4] is an empirical synthetic proposition that includes 'an existence'. For Descartes himself, not only *'ego cogito'*, but also *'sum cogitans'*, is a proposition which is deduced non-empirically, that is, metaphysically. In Cartesian philosophy, of course, the distinction between **things in themselves** and **appearances** is not taken into consideration.

Chapter 3 *165*

In contrast, in Kantian philosophy, a transcendental-philosophical distinction is presupposed between the 'I think' of transcendental apperception and the 'I think' of empirical apperception. According to Kant's epistemology, it is impossible for us to apply the categories to things in themselves, that is to say, to apply them to intelligibles (*noumena*). Insofar as we conceives the 'I think' as an intelligible self-consciousness, we cannot apply the category of 'existence' to it. In the Chapter on the Paralogisms of the second edition, however, Kant identifies the 'I think' which is taken 'as given' with the 'I think' of the Cartesian proposition 'I think, therefore I am or I exist', without taking the non-empirical property of the latter into consideration. As a result, Kant emphasizes the empirical property of the 'I think'. The above-quoted paragraph runs as follows:

> As, however, in the first proposition my existence is taken as given, for it is not said in it that every thinking being exists (this would predicate too much of them, namely, absolute necessity), but only that I exist as thinking, therefore the proposition itself is empirical, and contains determinability of my existence merely with regard to my representations in time.[5] [(B420)]

In the Chapter on the Paralogisms, hereafter Kant repeatedly states his view that the 'I think' is an empirical proposition. In the 'General Note on the Transition from Rational Psychology to Cosmology' (B428–432), for instance, he states: 'The proposition, I think, or, I exist thinking, is an empirical proposition. Such a proposition is based on empirical intuition, and is therefore also based on the object which is thought, taken as appearance.' (B428); 'The proposition, I think, insofar as it means the same as **I exist thinking**,

166

is not a mere logical function, but determines the subject (which then is at the same time an object) with respect to its existence; and it cannot take place without inner sense, the intuition of which always supplies the object, not as a thing in itself but merely as appearance. Here, therefore, we have no longer mere spontaneity of thought, but also receptivity of intuition, that is, the thinking of myself is applied to the empirical intuition of the same subject.' (B429f.) Nevertheless, also in the 'General Note on the Transition from Rational Psychology to Cosmology', the **I** of '[t]he proposition, I think' is clearly conceived as the intelligible (a noumenon).[6] In order to apply the category of 'existence'/'actuality' to the **I** of the 'I think', however, it was necessary for Kant to conceive the 'I think' to be an empirical proposition.

Section 5   Interpretation of the footnote on pages B422–423

The footnote which begins with a sentence: 'The **I think** is, as has been stated, an empirical proposition, and contains within itself the proposition, I exist.' (B422–423) relates not only to the statement in the paragraph just in front of the footnote, in which paragraph Kant does not refer to his opinion that the 'I think' is an empirical proposition at all, but relates also to the whole statement in the antecedent paragraphs on pages B418–422.

Next to the above-quoted sentence, the footnote runs as follows: 'I cannot say, however, Everything which thinks exists; for in that case the property of thinking would make all beings which possess it necessary beings. Therefore, my existence cannot, as Descartes supposed, be considered as inferred from the proposition, I think (for in that case the major premise, Everything that thinks exists, would have to precede it), but is identical with it.' (B422 fn) In order to make clear the close relationship of Kant's ego theory to Descartes' ego theory,

Chapter 3   *167*

we would like to take account of the syllogism theory of the Cartesian proposition *'Ego cogito, ergo sum, sive existo'*. Kant thinks that Descartes deduced 'I am or I exist' from 'I think' by a syllogism (enthymeme) in which 'the major premise, Everything that thinks exists' is presupposed. According to Kant, this major premise cannot be proved in any way. In the paragraph to which the footnote relates, Kant says: 'As, however, in the first proposition [i.e. the proposition "**I think**"] my existence is taken as given, for it is not said in it that every thinking being exists (this would predicate too much of them, namely, absolute necessity), but only that I exist as thinking, therefore the proposition itself is empirical, and contains determinability of my existence merely with regard to my representations in time.' (B420) Here the words 'absolute necessity' mean that the presupposed major premise, 'every thinking being exists', must be absolutely necessary in order to infer my existence from my act of thinking, that is to say, from 'the act of apperception, **I think**' (B137). It is remarkable that here Kant refers to the major premise of the syllogism that is supposed to be necessary to deduce the formula 'I think, therefore I am or I exist'. However, Descartes himself did not necessarily affirm that 'I think, therefore I am or I exist' is a proposition which must be inferred by using what is called 'a hidden major premise'. In the 'Second Replies', his opinion is stated as follows:

> ... However, when we advert to the fact that we are thinking things, that is a primary notion, which is not deduced from a syllogism. Even if someone says, 'I think, therefore I am or I exist,' they do not deduce existence from thinking by using a syllogism, but they recognize it by means of a simple mental insight as something that is self-evident. This is evident from the fact that, if they deduced it by using a syllogism,

they would first have to have known the major premise, 'that everything which thinks is or exists'. But they learn that much more from the fact they experience, in themselves, that it is impossible to think without existing. The nature of our mind is such that it generates general propositions from its knowledge of particulars. [(*Meditations and Other Metaphysical Writings*, pp. 80–81. AT VII, 140–141)]

As is clearly stated here, for Descartes 'I think, therefore I am or I exist' is essentially a proposition formulated 'by means of a simple mental insight'. However, we should not disregard the duality of the proposition 'it is impossible to think without existing' with the proposition postulated as the major premise for deducing the formula 'I think, therefore I am or I exist' by using a syllogism. In addition, we cannot deny that Descartes' purpose in the above statement is to make clear the intuitional or empirical characteristics of the proposition 'I think, therefore I am or I exist'. In such a respect, Kant's conception of 'the first proposition' of rational psychology, '**I think**' (B edition), is closely relevant to Descartes' existential conception of the ego.

As is mentioned by Kant, in a certain aspect Descartes accepts the syllogism theory of his proposition 'I think, therefore I am or I exist'. Nevertheless, for Descartes himself what is called 'a hidden major premise' of the Cogito proposition is essentially a 'very simple' notion. In the 'Part One' of *The Principles of Philosophy*, he writes:

... I have often noticed that philosophers go astray by trying to explain in logical definitions things that are very simple and self-evident, and in doing so they make them more obscure. And when I said that the proposition 'I am thinking, therefore I exist' is the foremost and most certain

Chapter 3 *169*

of all those that could occur to anyone who is philosophizing methodically, I did not thereby deny that, prior to that, one needs to know what thought is, what existence is and what certainty is; also, 'that it is impossible that that which thinks does not exist', and similar things. But because these are very simple notions and, on their own, provide no knowledge of anything that exists, I therefore did not think that they should be mentioned. [(*Meditations and Other Metaphysical Writings*, pp. 114–115. AT VIII-1, 8)]

Those which are enumerated here as 'very simple notions', in which 'that it is impossible that which thinks does not exist' is included, are the notions acquired 'by means of a simple mental insight'. The 'very simple notions', therefore, signify the 'general propositions' (*Meditations and Other Metaphysical Writings,* pp. 80–81. AT VII, 141) referred to in the 'Second Replies'. In other words, the 'very simple notions' signify the 'common notion[s]'/'axiom[s]' (cf. *Meditations and Other Metaphysical Writings,* p. 130/AT VIII -1, 23) referred to in 'Part One' of *The Principles of Philosophy.* In the 'Second Replies', the words 'general propositions' are used in the sense of primary notions, that is to say, in the sense of epistemological facts intuited by our simple mental insight.

Back to the Chapter on the Paralogisms: The fourth sentence of the footnote concerned runs as follows:

It [i.e., 'the proposition, I think'] expresses an indeterminate empirical intuition, that is, a perception (and proves, therefore, that this existential proposition is itself based on sensation, which belongs to sensibility), but it precedes the experience which is to determine the object of perception through the category with respect to time; and existence is here not yet a category, which never refers to an indeterminate given object, but only to one of which we have a concept and of which we wish to know whether or not it also exists apart from this concept. [(B422f. fn)]

It is remarkable that here 'the proposition, I think' is clearly defined as an 'existential proposition' (ein 'Existentialsatz'), and this 'existential proposition' is conceived to be a proposition 'based on sensation' because it expresses 'an indeterminate empirical intuition, that is, a perception', and the existential proposition 'I think' therefore precedes 'the experience'. According to the fourth sentence of the footnote, though the existential proposition 'I think' is an empirical proposition, it is not an empirical judgment (ein Erfarrungsurteil) to which the category of 'existence' is applied.

In the fifth sentence of the footnote, Kant uses the words '[a]n indeterminate perception' ('[e]ine unbestimmte Wahrnehmung'). 'An indeterminate perception' means, of course, 'an indeterminate empirical intuition'. Both 'an indeterminate empirical intuition' and '[a]n indeterminate perception' signify the intuition/perception of the non-empirically intuited/perceived existence of the **I** of the "I think". As is evident in the fifth sentence of the footnote: 'An indeterminate perception here signifies only something real, which has been given merely for thought in general, not therefore as appearance, nor as a thing in itself (noumenon), but as something that indeed exists and is designated in general in the proposition, I think'(B423 fn), Kant applies the words 'something real' ('etwas Reales') to the non-empirically intuited/perceived existence of the thinking **I**. According to Kant, the Cartesian proposition 'I think, therefore I am' is formulated on the basis of the fact that '[t]he proposition, **I think**' contains

Chapter 3 *171*

'the perception of an existence'. (cf. A347/B405) It is clear that 'the perception of an existence' here means the perception of the existence of the thinking **I**, which is nothing other than the transcendental subject. It is not possible for the **I** of the 'I think' to know themselves as an object of knowledge. Accordingly, it is impossible to apply the category of 'existence' to the **I** of the 'I think'. Though the **I** of the 'I think' cannot be an object of our cogntion in any way, it can be perceived as 'something real' by '[a]n indeterminate perception'. The 'something real' is neither 'appearance' nor 'a thing in itself (noumenon)'. Nevertheless, in the sixth sentence of the footnote, Kant asserts that 'the **I**' in 'the proposition, I think' is in itself a 'purely intellectual' representation. (B423 fn)

Conclusion

In this chapter, we have made an interpretation of Kant's conception of the transcendental ego mainly by analyzing the Chapter on the Paralogisms of the *Critique of Pure Reason* of its second edition. We have clarified that in the second edition, Kant is clearly cognizant that the Cartesian proposition, *'ego cogito, ergo sum, sive existo'*, is essentially an existential proposition formulated on the basis of '[a]n indeterminate perception', and developed an ontological theory of the transcendental ego by conducting his criticism of rational psychology. Thus, we have clarified the ontological aspect of Kant's ego theory peculiar to the Chapter on the Paralogisms of the second edition.

Notes

1. In the 'Criticism of the Second Paralogism of Transcendental Psychology', Kant refers only to the tautological aspect of 'what

is known as the Cartesian inference, *cogito, ergo sum*' (cf. A355). Nevertheless, according to Descartes, '*ego cogito, ergo sum*' is essentially a synthetic existential proposition formulated by the 'simple intuition of our mind' through its insight into our own existence.

2. In other words, the 'Criticism of the Fourth Paralogism of Transcendental Psychology' is the Criticism of 'The Fourth Paralogism of Ideality (With Regard to Outer Relations)' (A366).

3. According to Kant, the ultimate purpose of our theoretical/ speculative reason is to construct a complete system of metaphysics of nature (die Metaphysik der Natur), of which propaedeutic (Propädeutik) is nothing other than the critique of pure reason (A841/B869). In the *Critique of Pure Reason*, where Kant intends to construct systematically the doctrine of his epistemology on the basis of **transcendental idealism**, 'the transcendental subject' ('das transzendentale Subjekt') is conceived as the very subject who conducts research on nature (die Natur) as 'the world of sense' ('die Sinnenwelt').

4. Here, the words 'as given' signify an egological fact which is actually given through an 'inner perception' (cf. A343/B401). In this place, Kant conceives the 'I think' not as a mere logical formula of pure apperception, but as an empirical proposition which expresses the actuality/existence of the thinking **I** itself. The existence of the **I** of the 'I think' is conceived here to be 'taken as given'.

5. This paragraph relates, furthermore, to Kant's intention of the refutation of materialism and that of spiritualism. We would like to analyze the concluding part of the paragraph concerned, which runs as follows: 'But as for this purpose I again require first of all something permanent, which, insofar as I think myself, is not given to me at all in inner intuition, it is quite impossible, by means of this

Chapter 3 *173*

simple self-consciousness, to determine the manner in which I exist, whether it be as substance or as accident. Thus, if **materialism** is inadequate to explain my existence, then **spiritualism** is equally insufficient for this purpose; and the conclusion is that in no way whatsoever can we know anything of the constitution of our soul, as far as the possibility of its separate existence in general is concerned.' (B420) The first sentence of this quotation is closely related to his 'Refutation of Idealism' (B274–279). The 'something permanent' signifies 'the existence of objects in space outside myself' (B275). The first sentence also refers to the impossibility of proving the substantiality of the thinking **I** by rational psychology. It is noteworthy that Kant uses the expression 'the possibility of its [i.e. our soul's] separate existence in general' ('die Möglichkeit ihrer abgesonderten Existenz überhaupt'). Such an expression suggests that Kant's conception of human being is essentially under the influence of mind-body dualism of Descartes' metaphysics. Kant's conception of the immortality/permanence of the soul as the transcendental idea of rational psychology also is closely related to Descartes' mind-body dualism constructed on the real distinction between mind and body. On pages B406–413, just before the 'Refutation of Mendelssohn's Proof of the Permanence of the Soul', Kant concisely repeats the criticism of rational psychology which was conducted in the first edition. In that criticism of rational psychology, taking the refutation of 'the **problematic** idealism of **Descartes**' (B274) into consideration, Kant refers to the impossibility of proving the immortality of the soul. He says: 'But, whether such a consciousness of myself is even possible without things outside me, whereby representations are given to me, and whether I could exist merely as a thinking being (without being a human being), I do not know at all from that proposition [i.e. the proposition "[t]hat I distinguish my own existence, as that of a thinking being, from other things outside me (one of them being my body)"].' (B409) In the criticism of '[t]he [f]ourth [p]aralogism of [i]deality ([w]ith [r]egard to [o]uter [r]elations)', in which Descartes is dogmatically considered to be a 'sceptical idealist' (A377), Descartes' mind-body dualism itself was not the main subject of critical examination.

6. The second paragraph of the 'General Note on the Transition from Rational Psychology to Cosmology' (hereinafter referred to as 'General Note'), which follows the paragraph beginning with the sentence: 'The proposition, I think, or, I exist thinking, is an empirical proposition' (B428), is concluded as follows: 'In the consciousness of myself in mere thought I am the **being itself**, but of this being nothing is thereby given for thought.' (B429) The third paragraph of the 'General Note' runs as follows: '... In this intuition the thinking self would have to look for the conditions of using its logical functions as categories of substance, cause, etc., in order not only to designate itself, through the **I**, as an object in itself, but also to determine the mode of its existence, that is, to know itself as a noumenon. This, as we know, is impossible, because the inner empirical intuition is sensible and supplies us only with data of appearance, which furnish nothing to the object of **pure** consciousness for the knowledge of its own separate existence, but can serve us only for the purpose of experience.' (B430) The fourth paragraph of the 'General Note' reads as follows: 'Supposing, however, that we should hereafter discover, not indeed in experience, but in certain *a priori* established laws of pure reason concerning our existence (that is, not in merely logical rules), some ground for regarding ourselves, entirely *a priori*, as **legislating** in regard to our own **existence**, and as determining this existence, there would then be revealed a spontaneity by which our reality would be determinable without the conditions of

Chapter 3 *175*

empirical intuition. And we should then become aware that in the consciousness of our existence there is contained *a priori* something which may, with respect to some inner faculty, serve to determine our existence – which can be determined thoroughly only in sensible terms – with reference to an intelligible world (although, of course, one that is only thought).' (B430–431) Thus, in the fourth paragraph of the 'General Note', Kant proposes his concept of 'certain *a priori* established laws of pure reason concerning our existence', that is, the concept of the **moral law** in its strict sense of his critical philosophy for the first time. It is remarkable that in the 'General Note' the moral law is conceived to be 'certain *a priori* established laws of pure reason concerning our existence'. In the fifth paragraph of the 'General Note', 'the moral law' is clearly defined as 'a purely intellectual principle for determining my existence' (B431). Thus, in the 'General Note', the concept of 'the moral law' is proposed in its close relationship with our own existence.

Chapter 4
Kant's Ego Theory and Its Historical Background

Introduction

In the first chapter, we have clarified the characteristics of Descartes' ego theory. In the second and third chapter, we have conducted research on Kant's criticism of rational psychology in the *Critique of Pure Reason*. By analyzing Kant's argument in the chapter 'Of the Paralogisms of Pure Reason', we have clarified the characteristics of his ego theory. In this chapter, we would like to consider Kant's ego theory in the relationship to its historical background, especially to its scientific background. Kant accomplished the revolutionary paradigm shift in epistemology which should be defined as Kant's revolution in philosophy, and he constructed his transcendental philosophy on the basis of his conception of 'the act of apperception, **I think**' (B137). In the history of modern Western philosophy, the most remarkable paradigm shift was achieved by Kant in his *Critique of Pure Reason*. In this chapter, the essentials of the paradigm shift in philosophy, that is, the philosophical revolution carried out by Kant will be clarified by our study of the historical background of his philosophy.

Section 1 The Copernican revolution in epistemology

The revolutionary paradigm shift in epistemology brought about by Kant's *Critique of Pure Reason* is characterized as 'the Copernican revolution' ('die kopernikanische Wendung').[1] Of course, the original sense of 'the Copernican revolution' is Copernicus' revolution, that is, the paradigm shift in astronomy brought about by Copernicus and his followers. As is well known, the paradigm of the heliocentric theory of the world system of modern Western astronomy was constructed by Nicolaus Copernicus in his work *De revolutionibus orbium celestulum*. We

178

should not disregard that the word 'revolution' is also an astronomical term. In the planetary astronomy, 'revolution' means the orbital movement of planets, and 'rotation' means the movement of planets around the axis of rotation. We say: the earth revolves around the sun, and the earth rotates on its axis. The 'revolution' is a word which has been traditionally used in a close relationship with the search after the world system. On the basis of Aristotle's geocentric theory of the world system and Hipparchus' astronomical theory, Ptolemy constructed his mathematical astronomy, that is, Ptolemy's geocentric theory of the world system. The paradigm of the geocentric theory was based on the conception of the revolution of the sun and stars (the moon, planets except for the earth, and fixed stars) around the earth. In contrast, the paradigm of the heliocentric theory is based on the conception of the revolution of the earth and stars (planets and fixed stars) around the sun. The Astronomical Revolution by Copernicus and his followers was a revolutionary paradigm shift in the theory of the world system. We should not disregard the fact that the 'revolution' was conceived as the revolution of the heavenly spheres not only in the Ptolemaic system, but also in the Copernican system. The conception of the revolution of the heavenly spheres was gradually converted into the conception of the revolution of the planets around the sun which was considered to be the center of the world.[2]

The Copernican revolution in epistemology, of course, was accomplished unrelated to the astronomical conception of the revolution of heavenly bodies. In the paragraphs in which Kant refers to the Copernican Revolution, the word 'revolution' is used in the sense of die 'Umänderung der Denkart' (Bxvi). For instance, Kant says: '... I believe, on the contrary, that there was a long period of tentative work (chiefly still by the Egyptians), and that the change occurred as a **revolution**, brought about by the happy thought of a single man, whose experiment pointed unmistakably to the path that had to be followed, and opened and traced out the secure course of a science for all time. The history of this intellectual revolution ['dieser Revolution der Denkart'], which was far more important than the discovery of the passage round the celebrated Cape of Good Hope, and the name of its fortunate author, have not been preserved.' (Bxi) However, we cannot disregard the fact that the word 'revolution' as a scientific term has an intrinsic relationship to the concept of the revolution in the sense of 'paradigm shift', particularly to the concept of the revolution in the theory of the world system, that is, the concept of the paradigm shift from Ptolemy's geocentric theory of the world system to Copernicus' heliocentric theory of the world system, to which paradigm shift Copernicus and Galileo, among others, greatly contributed. Galileo was the founder of modern physics, and he was the astronomer who carried out astronomical observations by using his telescope.[3] In contrast, Descartes was essentially a metaphysician and natural philosopher. Nevertheless, we should not disregard the astronomical-historical significance of Descartes' cosmology which is systematically described in his posthumous work, *Of the World or a Treatise on Light*. The paradigm of modern physics and modern astronomy characterized as mathematical physics and mathematical astronomy was constructed by Galileo and his contemporary Johannes Kepler. The Copernican revolution in its proper sense of the words, that is, the scientific revolution accomplished by Copernicus and his followers, was developed in the form of remarkable progress of natural philosophy (i.e. science [die Naturwissenschaft]) and contributed greatly to the formation and development of the view of the world (the worldview) of modern Western philosophy. Descartes' mechanical view of the world based on his vortex theory had a profound influence on the physical thought of Christiaan Huygens, Gottfried Wilhelm Leibniz, and their followers. The Leibniz–Clarke correspondence is an enriched document of the earnest controversy between the Continental natural philosophers who considered Newtonian universal gravitation regarded as action at a distance (Fernwirkung) to be occult interaction and the English natural philosophers who considered universal gravitation to be proof positive of God's omnipresence. We are interested in their controversy over the cause (viz. the origin) of universal gravitation. We should not disregard the remarkable role of Descartes in the development of the heliocentric theory of the world system, that is, the development of the Copernican revolution in Western natural philosophy of the seventeenth century. In addition, Descartes, the author of the *Of the World or a Treatise on Light,* is at the same time one of the most outstanding metaphysicians who contributed to the formation of modern Western philosophy. It is certain that in Descartes' philosophical thought, the heliocentric theory of the world system and the theory of the Cogito (i.e. 'the act of apperception, **I think**') are unified. For Descartes, the first principle of his philosophy formulated on the basis of the Cogito is nothing other than the first principle of his natural philosophy. In the century of the development of the formation of modern astronomy and modern physics, Descartes accepted Copernicus' heliocentric theory of the world system as the basis of his worldview and contributed greatly to the establishment of modern Western philosophy. Descartes, moreover, had an acute insight into the intrinsic relationship of his metaphysics constructed on the basis of the Cogito with his cosmology constructed on the basis of Copernicus' theory of the world system.

We would like to quote a paragraph in which Kant refers to the revolution accomplished by Copernicus. It runs as follows:

We should therefore attempt to tackle the tasks of

metaphysics more successfully by assuming that the objects must conform to our knowledge. This would better agree with the required possibility of an *a priori* knowledge of objects, one that would settle something about them before they are given to us. We are here in a similar situation as **Copernicus** was in at the beginning. Unable to proceed satisfactorily in the explanation of the motions of the heavenly bodies on the supposition that the entire collection of stars turned round the spectator, he tried to see whether he might not have greater success by making the spectator revolve and leaving the stars at rest. A similar experiment may be tried in metaphysics as regards the **intuition** of objects.[4] ... [(Bxvif.)]

Just as Copernicus converted the geocentric theory of the world system into the heliocentric theory of the world system by his thought experiment, Kant converted the conception that our knowledge must conform to the objects of our knowledge into the conception that 'the objects must conform to our knowledge' by his thought experiment. By carrying out his epistemological thought experiment, Kant constructed his epistemology of transcendental philosophy and advocated transcendental idealism. By the construction of his transcendental-philosophical epistemology and transcendental idealism, Kant clarified the epistemological subjectivity of the transcendental **I**. The subject of epistemological subjectivity must be at the same time the subject of practical activity, of which subject is nothing other than 'the moral personality' (Akademie Ausgabe Ⅵ 223).

In the footnote to the paragraphs in which Kant refers to the scientific experiments carried out by Galileo, by Toricelli, and by Stahl,[5] Kant uses the words 'the experimental method' (die

'Experimentalmethode') (Bxiii fn). By introducing the experimental method into philosophy, Kant achieved the Copernican revolution in epistemology, which revolution was indispensable for reconstructing the speculative philosophy designated as traditional metaphysics. Kant writes: 'The purpose of this critique of pure speculative reason consists in the attempt to change the old procedure of metaphysics, and to bring about a complete revolution after the example set by geometers and investigators of nature. This critique is a treatise on the method, not a system of the science itself; but nevertheless it marks out the whole plan of this science, both with regard to its limits and with regard to its inner organization.' (Bxxiif.) It is evident that the Copernican revolution in epistemology achieved by Kant was at the same time a 'complete revolution' in speculative philosophy.

Section 2　The paradigm shift in philosophy from Descartes' ego theory to Kant's ego theory

In the 'Second Meditation' of the *Meditations on First Philosophy*, the mind (*mens*) is defined not as a thinking substance (*substantia cogitans*) but as a thinking thing (*res cogitans*). In order to define the mind as a thinking substance, it is necessary to demonstrate the real distinction between mind and body prior to it. In the *Meditations on First Philosophy*, the determinate concept of a thinking substance appears in the 'Sixth Meditation' for the first time.

As is pointed out by Kant, pure mathematics was founded in ancient Greece by using the experimental method (cf. Bxif.). According to Kant, Copernicus also developed his heliocentric theory of the world system by using the experimental method (cf. Bxvi). As is stated by Kant, modern physics and modern chemistry were constructed by using the experimental method. The experimental method was introduced into philosophy by Kant. Kant's conception of the experimental method as a method of philosophy is closely connected with his conception of the transcendental subject. Without the intellectual activity of the transcendental subject, the experimental method cannot be applied to scientific and philosophical research. Experiment is active conduct of the subject of scientific research. By introducing the experimental method into philosophy, Kant accomplished the critical-philosophical reconstruction of epistemology in which the reconstruction of the ego theory is included. In Kant's philosophy, the transcendental subject is considered to be at the same time the very subject who is able to conduct scientific research and philosophical investigation by using the experimental method.

Influenced by Descartes' Cogito proposition, Kant formulated the transcendental act of pure apperception into the formula 'I think'. Kant considers the **I** of the 'I think' to be the **I** who actively conducts philosophical and scientific research. Furthermore, he considers the **I** of the 'I think' to be the authentic subject of our moral practice, to which he applied the term 'the proper self' ('das eigentliche Selbst' [*Grundlegung zur Metaphysik der Sitten*, Akademie Ausgabe IV 457]) or 'the moral personality' ('die moralische Persönlichkeit' [*Die Metaphysik der Sitten*, Akademie Ausgabe VI 223]).

It is certain that the paradigm shift in egological philosophy was also prompted and promoted by the development of sciences, especially that of classical mechanics. Modern Western philosophy was established on the basis of the Cogito metaphysically recognized and clarified by Descartes. Descartes' conception of the Cogito is incorporated into Kant's critical philosophy. Descartes' conception of the mind was replaced by Kant's conception of the transcendental subject.

184

Section 3   Kant's reference to the clarity of representations in his criticism of rational psychology

In this section, we would like to analyze precisely one of the footnotes to the 'Refutation of Mendelssohn's Proof of the Permanence of the Soul' (B413–418), in which footnote Kant refers to the clarity of representations. The footnote consists of one long sentence group and three short sentences. The footnote begins with the following sentence.

> Clarity is not, as the logicians maintain, the consciousness of a representation; for a certain degree of consciousness, though insufficient for recollection, must exist even in many obscure representations, because without any consciousness we should make no distinction in the combination of obscure representations; yet we are indeed able to do this with the characteristics of many concepts (such as those of right and equity, or those of the musician who in improvising strikes several keys at once). [(B414f. fn)]

First, we would like to describe our interpretation of the phrase: 'the characteristics of many concepts (such as those of right and equity, or those of the musician who in improvising strikes several keys at once)' ('[die] Merkmalen mancher Begriffe (wie der von Recht und Billigkeit, und des Tonkünstlers, wenn er viele Noten im Phantasieren zugleich greift,)').

At first sight, it seems very difficult to understand why the 'concepts' of 'right and equity' and the 'concepts' of 'the musician who in improvising strikes several keys at once' are exemplified in parallel. Needless to say, in this footnote the word 'Recht' ('right') is used in the sense of 'Gerechtigkeit' ('justice'). As is clear in the adverb phrase 'nach Recht und Billigkeit', 'Billigkeit' collocates with 'Recht' in the wording 'Recht und Billigkeit'. As is well known, Aristotle advocated the significance of 'justice' and 'equity' in his ethics. We can consider that for Aristotle the concepts of 'justice' and 'equity', among others, are typical of clear representations. Nevertheless, it seems that it is difficult to consider the 'concepts' of 'the musician who in improvising strikes several keys at once' to be clear 'concepts'.

Accordingly, we should understand that even though the 'concepts' (viz. intuitional representations) of the musician who is improvising by striking 'several keys at once' cannot be conceived immediately as clear representations, Kant's reference to the 'concepts' of the improvising musician clearly suggests that the 'concepts' of the improvising musician must be distinguished from obscure 'concepts'. We should not disregard the contrast between the expression, 'we should make no distinction in the combination of obscure representations', with the expression, 'we are indeed able to do this [i.e., to make distinction] with the characteristics of many concepts'. Kant exemplifies the 'concepts' of 'right and equity' as the 'concepts' opposite to obscure 'concepts'.

Back to the first half of the first sentence of the footnote concerned: Kant distinguishes the '[c]larity' of representations from 'the consciousness of a representation', pointing out that 'a certain degree of consciousness, though insufficient for recollection, must exist even in many obscure representations; ...' The word '[c]larity' is used here in a close relationship to Descartes' conception that the clarity (Klarheit) and distinctness (Distinktheit) of representations are the metaphysical criteria of truth. This footnote relates here to the following description of the text: 'For even consciousness has always a degree, which always admits of being diminished, ...' (B414). In order to refute 'Mendelssohn's [p]roof of the [p]ermanence of the [s]oul', Kant used the ad hoc concept of 'intensive magnitude, i.e., a degree of reality'.[6] The concept of

186

'intensive magnitude', of course, originated from Leibniz's concept of the degree of 'perception' (cf. G. W. Leibniz's *Monadologie*). As is well known, the concept of 'intensive magnitude' is incorporated also into the 'Analytic of Principles', in which Kant formulated the second principle of 'the [s]ynthetic [p]rinciples of the [p]ure [u]nderstanding' (cf. A158/B197), that is, the principle of '[a]nticipations of [p]erception' (A166/B207). The principle of anticipations of perception is formulated as follows: '**In all apperrances the real, which is an object of sensation, has intensive magnitude,** that is, a degree.' (ibid.)

In the footnote concerned, Kant distinguishes the '[c]larity' of representations and 'the consciousness of a representation'. It is evident that Kant tries there to incorporate Descartes' concept of the clarity and distinctness of representations into his argument. Moreover, influenced by Leibniz's concept of the degree of 'perception', Kant tries to incorporate the conception of the consciousness that contains 'intensive magnitude' into his argument. That is why the footnote is complicated.

The second and third sentence of the footnote runs as follows:

> But a representation is clear when the consciousness suffices for **a consciousness of the distinction** of this representation from others. If the consciousness suffices for distinguishing, but not for a consciousness of the distinction, then the representation would still have to be called obscure. [(B415 fn)]

In this description, Kant distinguishes 'a consciousness' that suffices for 'a consciousness of the distinction' and 'a consciousness' that does not suffice for 'a consciousness of the distinction'. According to Kant, a representation accompanied by the former 'consciousness' is

Chapter 4   *187*

'clear', and a representation accompanied by the latter 'consciousness' is 'obscure'. Kant considers that only the representations accompanied by 'a consciousness of the distinction' is 'clear'. However, it is certain that in this context the words **'a consciousness of the distinction'** ('das Bewußtsein des Unterschiedes') should be interpreted as the phrase which corresponds to Descartes' conception of the clarity and distinctness of representations. It is clear that the word 'distinction' is used here in the sense of distinctness. It seems that in the footnote concerned, Kant disregards Descartes' distinction between 'clear' and 'distinct' that is essential for Cartesian metaphysics.

Section 4 Further Comments on Kant's reference to the clarity of representations

The above-quoted footnote to the 'Refutation of Mendelssohn's Proof of the Permanence of the Soul' is concluded as follows: 'There are, therefore, infinitely many degrees of consciousness, down to its complete vanishing.' (B415 fn) In the footnote concerned, 'clear' and 'obscure' are used as the words which signify the 'degrees of consciousness'. It is evident that in this context 'degrees of consciousness' correspond to 'intensive magnitude' referred to in the text concerned. In order to refute Mendelssohn's method of proving the permanence (immortality) of the soul, Kant introduced his *ad hoc* concept of 'intensive magnitude' into the Chapter on the Paralogisms of the second edition. Mendelssohn conducted his proof of the permanence of the soul on the basis of his way of thinking that the soul must be permanent because it is a simple being/substance. At the beginning of the 'Refutation of Mendelssohn's Proof of the Permanence of the Soul', Kant says: 'This acute philosopher [Moses Mendelssohn] perceived very quickly how the ordinary argument that the soul (if it is admitted to be a simple being) cannot cease to exist by **decomposition**, was inadequate to prove its necessary continuance, because one can also suppose that it ceases to exist by simply **vanishing**.' (B413) In his criticism of Mendelssohn's theory of the permanence of the soul, Kant insists that the soul can cease to exist by **vanishing** if the soul contains 'intensive magnitude' within itself. In the footnote concerned, Kant assumes 'infinitely many degrees of consciousness' which are nothing other than the 'intensive magnitude' contained in the soul, and he conceives that the soul must cease to exist by the 'complete vanishing' of all the 'degrees of consciousness', that is, all the 'intensive magnitude' contained in the soul.

Back to the first sentence of the footnote concerned: We would like to reconsider Kant's reference to 'the characteristics of many concepts (such as those of right and equity, or those of the musician who in improvising strikes several keys at once)'. We cannot deny the possibility that Kant considers the 'concepts' of 'right and equity' and the 'concepts' of 'the musician who in improvising strikes several keys at once' to be obscure representations/concepts. (Even the 'concepts' of 'right and equity' cannot be considered to be clear and distinct if we do not regard them as philosophical and jurisprudential concepts.) We cannot deny that Kant's reference to 'the characteristics of many concepts (such as those of right and equity, or those of the musician who in improvising strikes several keys at once)' exemplifies the probability that we are able to make distinction even in 'the combination of obscure representations' by our clear consciousness. We must therefore explain about the correspondence of the probability of such an interpretation to our interpretation stated in section 3 of this chapter. With respect to this problem, we have a view that in the footnote concerned, the word 'Phantasieren' is used in the sense of 'improvising' for composition, that is to say, 'improvising' for writing a musical score. However, it is nothing more than our *ad hoc* interpretation. It seems that it is not easy to interpret the footnote concerned completely.

In the footnote concerned, influenced by Descartes' concept of the clarity and distinctness of representations, Kant refers to the 'clarity' of representations and the 'consciousness of the distinction'. Descartes considered the clarity and distinctness of representations to be the criteria of truth. In the footnote, Kant does not refer to the Cartesian concept of the criteria of truth. He refers there to the clarity and distinctness of representations for the purpose of framing his *ad hoc* conception of the 'degrees of consciousness' of which negative limit is, according to Kant, nothing other than the 'complete vanishing' of the soul. Kant intends to refute 'Mendelssohn's [p]roof of the [p]ermanence of the [s]oul' by the use of his *ad hoc* conception of the 'complete vanishing' of the 'degrees of consciousness'. In the footnote, Kant contrasts the clarity of representations with the obscurity of representations in order to explain the possibility of the 'complete vanishing' of all the 'degrees of consciousness'. In terms of philosophy, dim representations are typical of obscure representations.

Section 5 Descartes' influence on Kant's procedure of his criticism of rational psychology

In the first paragraph of the 'Conclusion of the Solution of the Psychological Paralogism', Kant criticizes the procedure of traditional rational psychology as follows:

> ... What we are doing is that we think ourselves for the sake of a possible experience, while still abstracting from all actual experience, and thence infer that we are

able to become conscious of our existence even apart from experience and its empirical conditions. We are, therefore, confounding the possible **abstraction** from our own empirically determined existence with the supposed consciousness of a possible **separate** existence of our thinking self, and we bring ourselves to believe that we **know** the substantial within us as the transcendental **subject**. ... [(B426f.)]

In this quotation, we find the words 'abstracting' and 'abstraction'. The use of these words clearly indicates Kant's view that the procedure of rational psychology consists in the method of abstracting/abstraction, that is to say, the method of abstracting our consciousness of our own existence 'from all actual experience', that is, 'from our own empirically determined existence'. The use of the words 'abstracting' and 'abstraction' in this place suggests that Kant's conception of the procedure of rational psychology is markedly influenced by Descartes' metaphysical concept of the real distinction between mind and body. In the above-quoted paragraph, Kant refers to 'a possible separate existence of our thinking self', that is to say, 'a possible separate existence of our thinking self' from our body. In this context, the word 'separate' signifies the separation or distinction of the 'existence' of the thinking **I** defined as 'a pure intelligence' (B426) 'from our own empirically determined existence'. Descartes and the metaphysicians of the Leibniz–Wolffian school conducted the metaphysical separation of the soul from the body. Even though Kant retained the metaphysical conception of 'the immortality of the soul' (*Kritik der praktischen Vernunft*), he rejected the substantialistic conception of the soul. The concept 'soul' was replaced by Kant with the concept 'the thinking **I**', that is, the concept 'the transcendental subject'. Kant intends to conduct the metaphysical separation of 'the thinking I' from 'our own empirically determined existence', that is, the metaphysical separation of 'the thinking I' from our empirical self by using the method of abstracting/ abstraction. The method of metaphysical separation in this sense originated from Descartes' metaphysical concept of the real distinction between mind and body on the basis of which concept Descartes constructed his metaphysics. For Descartes, the concept of 'distinction' is in its origin a metaphysical concept for the demonstrating of the substantiality of 'finite substances': mind and body. In contrast, for Kant, the concept of 'abstraction' is, as it were, a phenomenological concept.

We can consider Descartes' methodological skepticism to be a variety of phenomelogical Einklammerung. We would like to point out that Kant's words 'a possible **separate** existence of our thinking self' (B427) signify the possibility of phenomenological Einklammerung. Needless to say, Edmund Husserl's phenomenological procedure of transcendental reduction originated from Descartes' procedure of his methodological skepticism.

Kant incorporated the Cogito that had been metaphysically/ phenomenologically clarified by Descartes into his transcendental philosophy. He accomplished the construction of his ego theory by conducting his criticism of rational psychology. In Kant's philosophy, the thinking **I** is clearly conceived as a singular and individual ego. Kant's concept of 'the transcendental subject' signifies the singularity and individuality of the transcendental ego clearly. On the basis of his conception of the singularity and individuality of the transcendental ego, Kant constructed his conception of the person and personality on which his ethics is established.[7]

Conclusion

Kant accomplished the Copernican revolution in epistemology by using the experimental method. The Copernican revolution in its proper sense of the words is the astronomical revolution in the theory of the world system through which the geocentric world system of Aristotle and Ptolemy was gradually replaced by the heliocentric world system of Copernicus and his followers. Influenced by Newtonian physics, Kant constructed his transcendental philosophy into which Newton's thought of science (die Wissenschaft) is incorporated as its mold. With respect to Kant's ego theory, we have referred to Descartes' influence on it. With respect to the Chapter on the Paralogisms itself, we have put an interpretation on one of the footnotes to Kant's criticism of Moses Mendelssohn's proof of the permanence of the soul, in which footnote Kant refers to the clarity of representations; furthermore, we have put an interpretation on a paragraph which suggests a phenomenological aspect of the procedure of Kant's criticism of rational psychology. Thus, we have clarified the characteristics of Kant's ego theory in the relationship to its historical background.

Notes

1. In this chapter, we use the phrase 'the Copernican revolution' as the equivalent for 'die kopernikanishe Wendung'. In the historical studies of science, the phrase 'the Copernican revolution' is used in the sense of the scientific revolution achieved by Copernicus and his followers that contributed greatly to the formation of modern physics and modern astronomy. Isaac Newton constructed the mathematical physics defined as Newtonian mechanics. He laid the basis of the

celestial dynamics of the solar system, which was completed by Pierre Simon Laplace in his *Traité de mécanique céleste*. The system of Newtonian physics is precisely described in Newton's *Philosophiae naturalis principia mathematica*. Although the phrase 'the Copernican revolution' is not coined by Kant himself, it is certain that he considers the 'intellectual revolution' achieved by his critique of pure reason to be a 'Copernican revolution', that is to say, a revolution 'in the Copernican fashion' (cf. M. Weigelt, 'Introduction', *Immanuel Kant Critique of Pure Reason*, translated, edited, with an Introduction by Marcus Weigelt, based on the translation by Max Müller, p. xxxi).

2. In early modern Western astronomy, the moon was considered to be a planet, and the heavenly sphere of the orbit of the moon was presupposed.

3. As is well known, Galileo greatly contributed to the development of the heliocentric theory by his astronomical observations with his telescope. In fact, however, Galileo could not succeed in proving the heliocentric theory because he considered the tides of the sea to be the decisive evidence of the rotation and revolution of the earth, that is, the phenomena which conclusively provide us with the proof for Copernicus' heliocentric theory. It was clarified by Isaac Newton that the tides of the sea are caused by the gravitational interaction between the earth and the moon. Until the discovery of universal gravitation and the formulation of the law of universal gravitation by Newton, it was impossible to clarify the physical mechanism of the tides of the sea.

4. Here the word 'experiment' does not mean scientific experiment directly. In the argument related to the Copernican revolution, Kant considers that pure mathematics typified by Euclidean geometry, modern physics typified by Galileo's and Newton's physics, and modern chemistry characterized as experimental

chemistry were established and developed by mathematicians' and scientists' performance of Hineindenken/Hineinlegen, that is to say, by their performance of placing hypotheses framed theoretically by themselves into the object of their research and by their performance of proving them by experiment: mathematical experiment (i.e. geometrical/analytical examination) and physical/ chemical experiment. (With respect to the words 'Hineindenken' and 'Hineinlegen', cf. Bxii, xiv.) In experimental sciences, Hineindenken of a hypothesis into the object of scientific research is perfomed in order to prove the hypothesis by experiment. In comparison, in the case of the Copernicus revolution, Hineindenken of Copernicus' astronomical hypothesis (i.e. Copernicus' heliocentric theory) into the dynamical mechanism of the solar system, that is to say, into the mechanism of the planets' movement in their orbit, was in itself an experiment which should be defined as thought experiment. Kant performed his thought experiment on the epistemology of foregoing philosophers, and he achieved the Copernican revolution in epistemology. As a result, he accomplished the reconstruction of the theory of knowledge. On the basis of **transcendental idealism** advocated by him, Kant constructed **transcendental philosophy**.

5. In order to prove his phlogiston theory, that is, his theory of combustion by experiment, Georg Ernst Stahl conducted the experiment referred to by Kant in the *Critique of Pure Reason* of its second edition. As is well known, Antoine-Laurent Lavoisier constructed his oxidation theory of combustion on the basis of his discovery of oxygen. Stahl's phlogiston theory was conclusively overturned by Lavoisier's oxidation theory of combustion. The paradigm shift in the theory of combustion from Stahl's phlogiston theory to Lavoisier's oxidation theory was a historic revolution in the history of chemistry. Cf. Thomas S. Kuhn, *The Structure of Scientific*

Chapter 4   *195*

Revolutions, 4th edition, 2012, pp. 56–57.

6. Kant says: '... yet we cannot deny to it [i.e. the soul] ... intensive magnitude, i.e., a degree of reality with respect to all its faculties, nay, with respect to everything that constitutes its existence. Such a degree of reality [viz., "intensive magnitude", i.e. "a degree of reality with respect to all its faculties, nay, with respect to everything that constitutes its existence"] might diminish through an infinite number of smaller degrees; and thus the supposed substance (the thing, the permanence of which has not yet been established) might be transformed into nothing, not indeed by decomposition, but by a gradual loss (*remissio*) of its powers (or, if I may use this term, by elanguescence).' (B414)

7. As a Japanese student of Immanuel Kant, I would like to refer to my view on an intrinsic affinity between the individualistic standpoint of Kafu Nagai's literary thought and that of Kant's philosophy of which foundation is nothing other than his ego theory. Kafu Nagai, an outstanding literary author of the twentieth century's Japan, lived a life of a recluse in the capital of Japan, Tokyo. As is well known, Kafu Nagai is the author of refined amorous novels and cultivated essays, both of which are characterized by his reminiscence of Edo culture (the Edo period's culture) and his social-critical views. He is also famous for his voluminous diary: *Danchōtei Nichijō* (or *Danchōtei Nikki*).

Being deeply aware of their own existence (Existenz) as a solitary individual and of the impermanence of life and the world, each of the literary recluses in medieval Japan, among others, two well-known essayists: Kamo no Chōmei and Yoshida Kenkō conducted their criticism of the life of 'das Man' (Martin Heidegger's *Sein und Zeit*). It seems that the individualistic aspect peculiar to modern Japanese literature has its origin in the critical viewpoint of medieval Japanese literary recluses on the life of 'das Man'. Living in

towns of Tokyo, Kafu conducted his social criticism as a recluse who
was devoted to literary writing and observations of the ethos of the
times. In his later years, Kafu lived in Ichikawa, Chiba Prefecture.
Kafu frequently visited Asakusa, his favorite town on the west side
of the Sumida River, and enjoyed his later life. In Asakusa, 'Mr.
Kafu' was the favorite idol of dancing girls of the theater district. We
would like to characterize Kafu's critical standpoint of his literature
as **critical aestheticism**. As is well known, Kafu's individualistic
standpoint of his literary thought, that is to say, that of his critical
aestheticism, is in its formation profoundly influenced by modern
French literature and the individualistic morality of the Western
world. It is very regrettable that I am not able to describe in English
my view on the intrinsic affinity of the individualistic standpoint of
Kafu's literary thought with that of Kant's ego theory.

〔第3部〕

カント哲学と荷風文学
とのはざまで

第1章

「超越論的弁証論」をめぐって

『カントの批判哲学と自我論』においては，私は伝統的形而上学の基幹をなす三部門，すなわち合理的心理学・合理的宇宙論・合理的神学に対応させて〈超越論的論理学〉的に演繹された三つの超越論的理念，すなわち心理学的理念・宇宙論的理念・神学的理念の体系的連関について論述することに代えて，カントの自我論とデカルトの自我論とのつながりに論及することに，力を注いだ。誤謬推理論の研究に取り組み始めて以来，博士論文の作成に至るまでの長期間，私は主として『純粋理性批判』第一版の誤謬推理論を解釈することに重点を置いて，研究を進めた。その際，私はカントが《心理学的理念》を「無制約者」として把握していることに注目して，《超越論的主観（主体）》を「無制約者」として把握する観点に立って，《超越論的主体》の「無制約者」としての特性，ないし実存哲学的特性を解明することに努めた。《超越論的主体》を「無制約者」として把握するためには，ヤスパースの包括者論を読解する必要があると思って，私は実存哲学の勉強をも心がけた。私の場合にはドイツ語の読解力が十分でなかったので，ヤスパースの著作について勉強した成果を本格的に自分のカント研究の論考に取り入れるまでには至らなかった。ただ，《超越論的主体》を「無制約者」として把握することの実存哲学的意味を解明することに努め，併せてハイムゼートのカント解釈に親しむことによって，私は《超越論的主体》の物自体性／叡知的性格について自分なりに理解を深めることができたと思っている。

　誤謬推理論の研究は，私にとって『純粋理性批判』の「超越論的弁証論」についての研究の一環であった。「超越論的弁証論」に即して言えば，「心理学的理念」・「宇宙論的理念」・「神学的理念」は，いずれも「無制約者」であり，理念論的な体系的連関をなしている。観点を換えて言えば，その体系的連関は，合理的心理学・合理的宇宙論・合理的神学の体系的連関性を証示するものである。私は，そのようなことを念頭に置いて，誤謬

推理論の研究を基幹とする,「超越論的弁証論」の研究を完成させること
を意図して, カント研究に取り組み始めた。

　誤謬推理論に限定して言えば, カントは, 心理学的理念を「無制約者」
として規定する一方で, 心理学的理念──「思惟する主観」──を, デカ
ルトの「コーギトー」命題から演繹することのできる, 自己意識における
《自我》として, したがって我々の自己意識の主観として把握している。
『純粋理性批判』の誤謬推理論においては, デカルトの「コーギトー」
命題については, 原則的には,「我考う。ゆえに我在り」という定式にお
いてではなくて,「我考う」という統覚命題の定式において言及されてい
る。それは, カントが純粋統覚「我考う」をもって「合理的心理学の唯一
のテキスト」(A343/B401) と考えていることによる。「我考う」という統
覚命題についてのカントの着想が直接デカルトの著述に依拠しているかど
うかは措くこととして, 誤謬推理論において合理的心理学の批判を展開
する際, カントが, 当時の講壇哲学において主流をなしていたライプニッ
ツ‐ヴォルフ学派の形而上学における合理的心理学を念頭に置いていたと
同時に, デカルトの実体論的自我論をも念頭に置いていたことは, 確かで
ある。第一版の誤謬推理論においてデカルト哲学についての言及がなされ
ているのは, 誤謬推理論の導入部と, カントが懐疑的観念論を否定して自
分の提唱する超越論的観念論の正当性を力説している「超越論的心理学の
第四の誤謬推理の批判」においてである。誤謬推理論の構成は,『純粋理
性批判』第二版においては, 大きく組み改められている。そして, 第二版
422 ページから 423 ページにかけての重要な脚注が付されている当該箇所
の本文の論述そのものも,「我考う。ゆえに我在り」というデカルトの自
我命題の定式化の論理学的不整合を批判するという意図に基づくものであ
る。それらの箇所においてカントは, デカルトの自我命題について,「我
考う。ゆえに我在り」という定式において言及する一方で, 統覚命題「我
考う」においても言及している。それはカントが自我命題「我考う。ゆえ
に我在り」を単一命題として把握していることによるというよりも, 統
覚命題「我考う」が本質的に存在命題であることを洞察していたことによ
る, と理解すべきであろう。デカルトの自我命題そのものについて考えて

第 1 章　「超越論的弁証論」をめぐって　*203*

みても，『省察』において認められるのは，「我在り。我存在す」（「第二省察」）という定式だけである。もちろん，「第二省察」に記されているその定式は，そこに述べられているように，デカルトが方法論的懐疑を通して法式化した定式であり，実質的には，「我懐疑す。ゆえに我在り」／「我考う。ゆえに我在り」という定式に他ならない。ただし，我々は，デカルトが「第二省察」において自我命題を「我在り。我存在す」という命題に定式化したことの，哲学史的に重要な意義を看過してはならない。「我考う。ゆえに我在り」という定式そのものを着想したのは，決してデカルトが最初ではなかったが，デカルトは方法論的懐疑を通して，方法論的懐疑を遂行している《自我》が現に存在している自我であることを発見したのである。換言すれば，デカルトは方法論的懐疑を通して，「我在り。我存在す」という，懐疑の余地を挟む余地のあり得ない，自我存在についての現象学的事実を発見したのである。「第二省察」における，「我在り。我存在す」という自我命題の定式化は，「我考う」の《自我》について，それを存在論的に確認したことの言明であった。カントもまた，そのことを洞察していた。「観念論論駁」（第二版）で「デカルトの懐疑的観念論」を批判するとき，カントはためらうことなく，「我考う」に代えて「我在り」を，デカルトの自我命題として提示している（それは，一つには，「我在り」という定式の方が「観念論論駁」という趣旨に適うからであったことによるであろう。なお，デカルトを観念論者と見なすのはカントの独断であったことを，書き添えておく）。また，第二版の誤謬推理論の当該箇所で，「我考う」を「存在命題」と規定する際にも，カントは何のためらいをも示していない。第一版で，観念論論駁に相当する論述が誤謬推理論の中に設定されたのも，「我考う」が本質的に自我存在命題であることをカントが洞察していたことによってである。

　以上のことを踏まえて考えれば，第二版の誤謬推理論の「霊魂の不滅性についてのメンデルスゾーンの証明の論駁」（B413–418）の後ろに挿入されている，第一版の誤謬推理論におけるのとは異なった形式の，合理的心理学の論題表において，カントが「我考う」をもって「第一命題」としている理由も，明らかである。カントもまた，「我考う」と「我在り」とを，

表裏一体の命題として把握しているのである。

　さて，第二版におけるその論題表に続けての，同表についての解説には，「統覚は或る実在的なものである」（B419）という記述が認められる。そこに記されている「或る実在的なもの」という言葉と，第二版の誤謬推理論の当該脚注に記されている「或る実在的なもの」という言葉には，意味内容において異同はないはずである。「統覚は或る実在的なものである」というカントの言明は，《統覚我》についてカント自身がそれを「或る実在的なもの」として把握していることの言明でもあるはずである。第二版の誤謬推理論で提示されている，その合理的心理学の論題表に記されている四つの命題については，各命題が存在命題であることが，前提とされているはずである。けだし，同表では，第一命題「我考う」が「我在り」を包含する存在命題であることは，初めから前提とされている。したがって，そこには，「我在り」，「我存在す」といった形での自我存在命題は記されていない。それらの点を踏まえて考えるならば，第二版の誤謬推理論の当該脚注で「我考う」の《自我》を我々の「未規定の知覚」に対応する「或る実在的なもの」と規定する際，カントの念頭にあったのは，経験的統覚の《自我》ではなくて，超越論的統覚の《自我》であったはずである。付言すれば，「統覚は或る実在的なものである」というセンテンスは，文脈から判断するかぎり，超越論的統覚についての記述であるはずである。

第1章　「超越論的弁証論」をめぐって　*205*

第 2 章

『純粋理性批判』第二版の「コーギトー」命題に関する脚注をめぐって

『カントの批判哲学と自我論』を執筆する過程で私は，自分がかつて「存在命題」という言葉が記されている，『純粋理性批判』第二版の「コーギトー」命題に関する脚注 (B422–423) について注解を施したとき，『カントとともに』で自分が提示した注解におけるのとは異なった，同脚注の解釈を提示したことを思い出した。同脚注に記されている，「存在命題」という言葉と「或る実在的なもの」という言葉についての私の解釈が，40歳代と現在とでは，若干，異なるということを意識するに至ったのである。第二版の誤謬推理論の当該脚注において，カントは，デカルトが定式化した「コーギトー」命題の「我思惟す」(「我考う」) が「存在命題」であることを明言している。カントによれば，「我考う」は「或る実在的なもの」についての「未規定の知覚」を表している。その意味で，「我考う」は「存在命題」であることを，カントは指摘している。

　第一版での合理的心理学の誤謬推理の批判においてカントは，デカルトの「我思惟す。ゆえに我在り」は同義語の反復命題にすぎないことを，指摘している。その意味においては，「我考う」と「我在り」とは同一命題であり，したがって，「我考う。ゆえに我在り」それ自体において，「我考う」は「存在命題」である，という論理が成り立たないわけではない。「我思惟す」と「我在り」とを完全な同一命題とする場合には，「我思惟す。ゆえに我在り」という命題は，存在論的含意が欠如した全く空虚な命題にすぎないことになってしまう。デカルトの「コーギトー」命題については，『省察』の「反論と答弁」が編集される時点において，特にそれが省略三段論法であるか否かをめぐって，デカルトと「反論」の執筆を委ねられた哲学者たちとの間で，徹底した論議が交わされている。カントは同脚注においては，デカルトの「コーギトー」命題が省略三段論法であることを暗黙裏に認めたうえで，省略三段論法の仮設的大前提の証明が困難であることを意識して，「我考う」が「存在命題」であることを，別の角度

から，すなわち，「コーギトー」の働きそのものから解明しようとしているのである。『純粋理性批判』第一版の誤謬推理論においても，「第四の誤謬推理」の批判で，デカルトの「コーギトー」命題に自我存在についての知覚が包含されていることが指摘されている。付言すれば，誤謬推理論の「第一の誤謬推理」の批判に先行する，導入部の，「デカルトの cogito ergo sum のように」（A347/B405）という語句が記されている箇所においても，同様のことが指摘されている。ここでは立ち入った考察は行なわないが，第一版の誤謬推理論の導入部で，「我考う」が「合理的心理学の唯一のテキスト」であることを述べる際にも，カントは「我考う」が知覚命題であることを強調している。「我考う」を知覚命題とする，第一版のそれらの箇所で提示されたカントの考えが，第二版の誤謬推理論の当該脚注に取り入れられているということに留意されたい。

　カントが，デカルトの「コーギトー」命題に《自我存在》についての知覚が包含されていると考えているということを踏まえて『純粋理性批判』第二版の当該脚注を読み返してみると，私は同脚注についての自分の旧い方の解釈と新しい方の解釈とが，それぞれ少し異なった観点からの解釈として，並立し得るようにも思うのである。その点について簡略に説明しておきたいと思う。

『純粋理性批判』第二版の当該脚注についての私の旧い方の解釈においては，私は，「或る実在的なもの」についての「未規定の知覚」を，存在一般についての存在論的知覚と解した（「存在論的知覚」という言い回しは熟さないかも知れないが，ここでは，我々が存在者の存在／世界の存在について，（経験的に意識しているということを超えて）知覚しているということを念頭において，このような言い回しを用いた。けだし，カントは「超越論的原則論」において，「実在性」（Realität/Wirklichkeit）の範疇と「知覚」との本質的対応関係を前提として，「経験的思惟一般の公準」の定式化を行なっている。そのことを併せ考えれば，第二版の誤謬推理論の当該脚注にも，「実在性」は「知覚」によって把捉されるものであって，「思惟」によって把捉されるものではないという考えが，取り入れられているはずである）。「或る実在的なもの」とは，「超越論的分析論」の「すべて

の対象一般をファエノメナとノウメナに区別することの根拠について」におけるカントの用語法に即して言えば，「仮想体（noumena）」（物々自体）を表す術語であるゆえ，当該脚注において，「我考う」が「或る実在的なもの」についての「未規定の知覚」であると述べるとき，カントはその「未規定の知覚」を，存在一般についての存在論的／超越論的な感情／知覚（直観）と理解していたのではないか，とも考えられる。「未規定の知覚」という語句の，「未規定」という言葉を，存在一般は「超越論的」であるゆえ，範疇を適用して，それを規定することは不可能であり，それゆえ当該の「知覚」は「未規定」であらざるを得ない，という意味に理解すれば，私の旧い方の解釈も，全く不可能ではないように考えられる。旧い方の解釈を施した時点では，私はもっぱらハイデガー『カントと形而上学の問題』を読解することに力を集中していたので，そのことが私の当該脚注の解釈にも影響を及ぼしているはずである。

『純粋理性批判』第二版の誤謬推理論の当該脚注についての私の新しい方の解釈は，同脚注に記されている，「経験的命題」という言葉に力点を置いての解釈である。カントは，同脚注の最初のセンテンスで，「既述のように」という語句を挟んで，「我考う」が「経験的命題」であることを，断わっている。そこでの「既述のように」は，同書，第二版で「超越論的分析論」に付け加えられた「観念論論駁」で，カントがデカルトの自我命題「我在り」を「一つの経験的主張」（経験的命題）として提示することによって，「デカルトの蓋然的観念論」の「論駁」を行なったこと (cf. B274f.) を指している（「観念論論駁」で「コーギトー」命題が「我考う」という公式でなく「我在り」という公式で提示されているのは，デカルトにおいて自我の存在が先験的に確保されていることをカントが意識していたことによってである。カントはデカルトの存在論的立場を「蓋然的観念論」と見なしているけれども，デカルト自身は決して観念論者ではなかった。例えば，『省察』で詳述されているように，彼は物体の存在を形而上学的に論証することにも大きな力を注いでいる。付言すれば，デカルト自身は，神の存在証明を遂行することによって，方法論的懐疑を乗り越えていたはずである）。

『純粋理性批判』の改版に際して，カントは大きな改訂を施している。「超越論的弁証論」の誤謬推理論にも全面的な改訂が施されている。ただし，『純粋理性批判』について，第一版，第二版のいずれを優先させるかについて，確定的な基準を設定することは，不可能であるかも知れない。『純粋理性批判』第二版の誤謬推理論の当該脚注についての，私の旧い方の解釈には，第一版を第二版に優先させる，ハイデガー『カントと形而上学の問題』の影響が及んでいるはずである。振り返ってみると，私は，当該脚注に論及する以前は，もっぱら第一版を主要なテキストとしてカント研究に携わっていた。少なくとも誤謬推理論に関しては，第一版には，「我考う」を「経験的命題」とする発想は定着してはいない。というのも，「我考う」を「経験的命題」と規定するなら，その「我考う」は「経験的統覚」であることになってしまうであろうから。カントの批判哲学／超越論的哲学の根源に存するのは，「超越論的統覚」（「純粋統覚」）と「経験的統覚」とを峻別する考え方である。そして，もしそれらが峻別され得ないとするなら，「我考う」という「単なる統覚」（「純粋統覚」）をもって「合理的心理学の唯一のテキスト」とし，このテキストからアプリオリな綜合判断を導くことが不可能であることを論証するという手順を通して合理的心理学を批判するという，誤謬推理論の論旨そのものが，成り立たないことになってしまうはずである。誤謬推理論の当該脚注は，もちろん第二版で初めて付け加えられたものである。しかし，同脚注についての自分の旧い方の解釈については，私は，少なくとも「我考う」に関しては，「観念論論駁」で提示されている，自我命題についての規定に束縛されることなく同脚注に解釈を施すことを意図していたはずである。

　カントにとって，『純粋理性批判』初版を改訂する作業は，並大抵の仕事ではなかったと思われる。したがって，『純粋理性批判』第二版に，「我考う」を「純粋統覚」とする規定と，「我考う」を「経験的命題」とする規定が混在しているのは，やむを得ないことであった。

　付言すれば，『純粋理性批判』第二版の誤謬推理論の当該脚注についての私の旧い方の解釈においては，私はそこに記されている「経験的命題」という言葉について，「或る実在的なもの」についての「未規定の知

覚」についてと同様に，それを存在論的意味に翻案して理解した。すなわち，「我考う」が「経験的命題」と規定されているのは，「我考う」は，単なる自己意識であるに止まらず，それ自体，「存在者の存在」（vgl. M. Heidegger, *Sein und Zeit*）についての知覚／世界の存在についての知覚を含意していることによってである，と理解した。それは「一つの経験的主張，すなわち「我在り」だけを懐疑不可能なものと宣言する，デカルトの蓋然的観念論」（B274）という言い回しに見られるような，「我在り」を「経験的主張」と断定する「観念論論駁」における自我命題についての規定とは異なった自我命題についての規定ではあるが，「観念論論駁」は「超越論的弁証論」にではなくて，「超越論的分析論」に設定されているゆえ，誤謬推理論そのものを解釈する際には，それらの異同に固執しなくてよい，と私が考えたことによってである。

　その後，私は『純粋理性批判』第二版の読解に努めたこともあって，同版の当該脚注に記されている「経験的命題」という言葉についての理解を改め，それを文字どおりの「経験的命題」と理解するようになって，現在に至っている。

　ここで，『純粋理性批判』第二版の誤謬推理論の当該脚注についての自分の解釈の変化との関連で，「或る実在的なもの」という言葉の使用法が，同書の第一版と第二版とでは，根本的に変化していることを，指摘しておきたい（同書，第一版の「すべての対象一般をファエノメナとノウメナに区別することの根拠について」においては，「ノウメナ」＝「仮想体」には，「或るもの」というような字句も当てられているが，それらの字句の含意が実質的には同一のものであると理解して，本節においては便宜的に，「或るもの」等々についても第二版の誤謬推理論の当該脚注に記されている，「或る実在的なもの」という字句を当てて論を運ぶこととする）。「すべての対象一般をファエノメナとノウメナに区別することの根拠について」もまた，第二版において大きく書き改められた部分である。第一版の「すべての対象一般をファエノメナとノウメナに区別することの根拠について」において頻繁に現れる，「或る実在的なもの」に相当する語句は，第二版の「すべての対象一般をファエノメナとノウメナに区別する

ことの根拠について」では現れなくなっている。第二版の誤謬推理論の当該脚注の執筆と「すべての対象一般をファエノメナとノウメナに区別することの根拠について」の改訂のいずれが先に着手されたかは専門的研究に委ねる他ないが，第二版において，カントの物自体の概念に変化が生じていることは，確かである。第二版の誤謬推理論の当該脚注においては，「或る実在的なもの」という言葉が，第一版の「すべての対象一般をファエノメナとノウメナに区別することの根拠について」における「或る実在的なもの」という言葉の用法とは無関係な意味合いで用いられているのは，第二版における，カントの物自体の概念の変化と連動している。「或る実在的なもの」は，本源的には，「物自体」を意味する言葉であるはずである。カント哲学においては，「物自体」は，対象的に認識することのできない「ノウメナ」を意味する。カントは「物自体」を「超越論的対象」とも呼んでいる。哲学者が自分の言語感覚によって「物自体」に「或る実在的なもの」という言葉を当てるのは，ある意味で自然なことである。しかし，一方で，第二版の誤謬推理論の当該脚注についての私の新しい方の解釈に従えば，「或る実在的なもの」とは，直接的に「物自体」を指すものではないことになる。いずれにせよ，「或る実在的なもの」という言葉の用語法は，『純粋理性批判』の第一版と第二版とでは，大きく異なっている。その意味において，第二版の誤謬推理論の当該脚注は，『純粋理性批判』の解釈において，重要な意味を持っている。けだし，超越論的哲学の本旨に則して言えば，統覚命題「我考う」を「経験的命題」と規定することは，不可能である。「超越論的」という言葉を認識論的意味で用いて言えば，統覚命題「我考う」は，「先験的命題」／「超越論的命題」と規定されなくてはならないはずである。そして，統覚命題「我考う」こそが，「先験的命題」／「超越論的命題」という言葉をもって規定されなくてはならない命題であるはずである。それらのことから明らかであるように，『純粋理性批判』第一版の改訂に際して，カントは，ある意味では超越論的哲学の基本原理を放棄することをも顧みないような，苦渋に満ちた思索を展開せざるを得なかったのである。ただし，第二版の誤謬推理論の当該脚注においてカントが，第一版の「超越論的心理学の第二の誤謬推理の批

第 2 章　『純粋理性批判』第二版の「コーギトー」命題に関する脚注をめぐって　*213*

判」に記されている，デカルトの「我考う。ゆえに我在り」という命題を，同義語の反復命題（その意味でのトートロジー）と断定する考えを乗り越えて，統覚命題「我考う」それ自体が，「或る実在的なもの」という，自我存在についての「未規定の知覚」を包含する「存在命題」であることを断言するために，統覚命題「我考う」を，（自我存在についての「知覚」を包含するという意味での）「経験的命題」と規定しようとした，そのような点も，カント解釈において，看過されてはならない。

　なお，第二版の誤謬推理論の当該脚注の末尾で，カントは「我考う」を「経験的命題」として把握することは，決して「我考う」という命題の自我が「純粋に知性的」であることと矛盾しないことを明言して，次のように述べている。「しかし，思惟に思惟の素材を提供するなんらかの経験的表象がなければ，「我考う」という〔自我の〕働きは成立しないであろう。経験的要素は，純粋な知性的能力の適用ないし使用の条件である」(B423)。このセンテンスに即して言えば，「我考う」という純粋統覚は，「思惟に思惟の素材を提供する」，思惟の外なる事物が存在しているという事態に対応して成立している。引用文中の「経験的要素」という言葉が示すように，カントはその事態を《経験》として把握し，したがって「我考う」を「経験的命題」と考えるのである。その場合には，「或る実在的なもの」という，当該脚注の先行する記述に記されている言葉は，「思惟に思惟の素材を提供する」，思惟の外なる事物が存在しているという事態を指意することになるはずである。したがって，「或る実在的なもの」についての「未規定の知覚」は，その，思惟の外なる事物が存在しているという事態についての「未規定の知覚」を指意することになるはずである。私が現在もなお，第二版の誤謬推理論の当該脚注についての私の旧い方の解釈を完全に脱却するに至っていないのは，それらのことを勘案してのことである。

第 3 章

カントの自我の哲学と
永井荷風の諦めの哲学

第1節　カント哲学と荷風文学との内在的親和性

　第1部第4章の末尾の注で，私は次のように記した。「日本人カント研究者として，私は，永井荷風の社会批判における個人主義的観点と，カントの自我論における，自我の個我性（個別性・個体性）を強調する観点とに，内在的親和性を認めることができるのではないかという自分の見解について，簡略に言及しておきたい。……荷風文学における彼の批判的観点は，批判的審美主義と性格づけられ得るものである。批判的審美主義という荷風の個人主義的観点は，その形成において，フランス近代文学における個人主義的思潮と，西洋世界の個人主義的道徳観とに，深く影響されている。残念なことではあるが，荷風文学に認められる個人主義的見解と，カントの自我論に認められる，自我の個我性（個別性・個体性）を強調する見解との，内在的親和性について，自分の見解を英語で論述することは，英文の執筆に練達していない私には不可能である」。

　この記述について補足説明をしておきたい。私は永井荷風の文芸思潮を，批判的審美主義と特徴づけた。その際の「批判的」という言葉は，《文明批判》・《社会批判》を包括する《批判》を含意するものである。荷風の批判的審美主義は，明治期の日本の近代化の在りように対する若き荷風の文明批判的態勢に起源するものである。その文明批判的態勢は，荷風が，感受性に富む青年期にアメリカおよびフランスへの遊学によって実地に体験した，表層的には把握・模倣することのできない，豊饒で深遠な西洋の文化・文明の本質についての洞察を根底にして培われたものであった。本格的意味で荷風の文壇における位置を確かなものにした，ふんだんに遊学体験記的要素を含む二篇の短篇小説集『あめりか物語』『ふらんす物語』には，明治期の日本の近代化の実状に対する若き荷風の文明批判的態勢が表出されている。とりわけ『ふらんす物語』において顕著に認められる文明批判的態勢は，すでに批判的審美主義の色調を帯びている。その際，当代の日本の近代化の在りように対する荷風の文明批判的態勢が本質的に個人主義的なものであるということが，看過されてはならない。若き荷風の文

216

明批判的態勢／社会批判的態勢は，フランス近代文学の個人主義的思潮の感化と，西洋世界の個人主義的道徳観との影響下で培われた。そして，荷風の批判的審美主義は，彼の個人主義的思想と表裏をなすものである。当該の記述で私は，荷風が市隠の文人であったことを指摘した。偏奇館は，彼がそこに閉じ籠って執筆に専念するための，彼の隠遁の場であった。そして，偏奇館での独居隠棲は，彼にとって，文学者的隠遁の理想の在り方であったはずである。

　私は，若いころ，鴨長明『方丈記』，吉田兼好『徒然草』などの隠者文学に親しんで，日本の中世の隠棲の文人たちが，隠者の境域から，ある意味で《実存的》に《世人》の在り方，《世俗》に対する徹底した批判を行なっていることに気づいた。そして，長明や兼好においては《自我》に徹することと，そのような《社会批判的態勢》とが表裏一体のものであることを，認識した。《自己》ないし《個我》に徹することによって《社会批判的態勢》が整えられているという点において，彼らの出家／隠遁と，荷風の偏奇館での独居隠棲とには，アナロジーが認められる。ただし，荷風の偏奇館での独居隠棲は，多分に彼の審美主義的志向によるものであって，日本の中世期の隠遁の文人たちに認められる実存哲学的志向とは無関係であったはずである。

　カントの誤謬推理論においては，《個我》は必ずしも《実存》として把握されているわけではない。『純粋理性批判』第一版の誤謬推理論に即して言えば，カントにおいては，《個我》は，超越論的統覚の《統覚我》として把握されている。また，同書，第二版の誤謬推理論に即して言えば，《個我》は，経験的統覚の《統覚我》として把握されている。ただし，誤謬推理論において《個我》が《統覚我》として把握されているのは，誤謬推理論が，「我考う」という，それに基づいて合理的心理学がその基本命題を演繹してきた純粋統覚の形式命題的性格を明確にすることによって，合理的心理学の成立根拠を否定することを本旨とすることによる。ただし，誤謬推理論においても，カントは，「「我在り」という個別的表象」という言い回しに認められるように，《個我》の個別性／個体性を表す概念を交えて，論を展開している。換言すれば，誤謬推理論においても，自我の，

第3章　カントの自我の哲学と永井荷風の諦めの哲学　*217*

個別的主体としての個我性が明確に認識されている。そのような個我性の認識は，彼の実践哲学において，《人格》および《人格性》の概念の基底に据えられることになる。カント哲学においては，《人格》は，明確に自我の個我性に即して把握されている。

　以上に述べたような点を念頭に置いて，私はカントの人格の共同態の倫理学と荷風の批判的審美主義とを対照させることによって，ある意味では逆説的に，両者の対照性の奥に存する内在的親和性を究明することが可能であると考えて，試論を認めようとしたことがあるが，関心の推移もあって完成には至っていない。

　上述のように，カントの自我論において強調された，自我の個我性（個別性・個体性）は，彼の批判的倫理学の《人格》および《人格性》の概念に組み入れられている。カント倫理学においては，人格は，明確に個別的人格として把握されている。そして，道徳法則は，カント倫理学においては，個別的人格の人倫共同態の理法として把握されている。その点を考慮すると，自我の個我性の明確な自覚ということだけによってカントの批判哲学における自我論と荷風の批判的審美主義とを比較することは，困難であるようにも思われる。ただし，我々は，カントの批判哲学においても，荷風の文明批判においても，批判の主体は，自己の個我性の明確な自覚に基づいて《批判》という営為を遂行しているということに，留意しなくてはならない。

第2節　荷風『冷笑』における諦めの哲学——比較哲学的考察の地平を求めて

＊本節は，本書の刊行に際して新しく書き下ろしたものである。旧著
　『諦めの哲学』第一章「永井荷風『冷笑』における「諦め」」を敷衍す
　る形で執筆した論考である。

　カント哲学を繙く傍ら，これといった特別の動機もなく永井荷風の文学作品に親しむようになった私は，カント哲学の繙読と荷風文学の繙読とは

全く無関係な作業と思い込んでいたが，荷風文学に認められる文明批判的・社会批判的態勢（ポジション）とカント哲学における批判哲学的態勢（ポジション）とに，自我論的意味での潜在的親和性（potential affinity）を認めることできるのではないかということには，早くから気づいていた。そして，『諦めの哲学』の執筆に取り組んで，**諦めの哲学**という観点から『冷笑』の繙読を進めているうちに，カント哲学と荷風文学とに認められる自我論的意味での潜在的親和性を超えて，カントの**自我の哲学**と荷風の**諦めの哲学**との対照性／対極性に気づいて，それらの対照性にも関心を持つようになった。その対照性を把握するために，以下において，『冷笑』に即して荷風における「諦め」の構造について考察したいと思う。

　アメリカ，フランスへの長期間にわたる遊学を終えて帰国した若き荷風は，ほぼ同時期に，『新帰朝者日記』（原題：『帰朝者の日記』）と『冷笑』の，二編の文明批判小説を執筆している。前者については，私は旧著『若き荷風の文学と思想』の「「新帰朝者」荷風」の章で，後者については，私は旧著『諦めの哲学』の「永井荷風『冷笑』における「諦め」」の章で，考察したことがある。今回，『若き荷風の文学と思想』を読み返して気づいたことであるが，『帰朝者の日記』と『冷笑』とでは，荷風の文明批判の論調が大きく異なっている。『冷笑』は，故国の文明を辛辣に批判する「新帰朝者」の日記体小説であり，『冷笑』は，銀行頭取・小山清と，荷風自身である「新帰朝者」の新進小説家・吉野紅雨が，瀧亭鯉丈の『花暦八笑人』にあやかって，「八笑人」の閑談会を発意・企画し開催するという趣向の，朝日新聞に連載された小説である。『帰朝者の日記』においても，『冷笑』においても，荷風の文明批判は，基本的には，近代化（西洋文明の移入）に性急な当代の日本の文明に向けられている。ただし，『帰朝者の日記』に比べれば，『冷笑』においては，荷風の批判の論調は著しく和らげられている。そして，『冷笑』においては，荷風は，当代の日本の性急な近代化に対して批判を向ける一方で，文明批判の論脈に江戸文化についての彼自身の追懐・讃美を織り込んでいる。そこにおいては，『帰朝者の日記』における，当代の日本の文明に対する批判的態勢は，「冷笑」・「諦め」に転換している。あるいは，それら二編の文明批判小説を執

筆した明治 42 年から 43 年にかけての時期に，荷風の思索のうちに，当代の日本の文明に対する彼の批判的態勢に転換をもたらすような機が熟していたのかも知れない。

『冷笑』に登場する「笑人」は，実際には八人ではなくて，「八笑人」の閑談会の発起人である小山清，吉野紅雨の両人と，狂言作者・中谷丁蔵，商船パーサーの世界周航者・徳井勝之助，南宋画家・桑山青華の五人であった。「八笑人」の閑談会を発意・企画した清と紅雨は，それぞれの知友を推薦して，それぞれ異なった経歴と個性を有する五人のメンバーを揃えるのである。最初に閑談会のメンバーに選ばれたのは，中谷丁蔵である。中谷の推薦者・紅雨は，清宛ての書状で，中谷を次のように紹介している。

○「一言にして云へば彼はビステキを喰ひ麦酒を呑み電車に乗る位の事より外には全く現代とは関係無之人に御座候。嘗て小生と同年にて尋常中学校を卒業したる後は，いづこの専門学校にも入学いたしたる事なく，専ら風流情痴の道を研究し，唯今は世に云ふ藝が身を助ける境遇にて□□座々付の狂言作者を以て生活いたし居り候。幼少の頃より音曲を好み清元と歌沢は立派な名取にて俳諧も談林風のものを能くいたし候。つまり性格も嗜好も其の理想も悉く江戸の洒落本に現れたる色男に有之，小生も已に自作小説の中に此の人の一面を写したる事二三度にも及び候へば，貴兄もそれとなく思ひ当らるゝ処有之べしと存じ候。／已に十年ばかり以前，丁度二十五の折，浄瑠璃の文句にも此れあり候通り同じ十九の初厄の娘と結婚いたし，唯今は前以て申し上げ候通り小ざつぱりしたる借家住ひを浜町あたりに営み居り候へ共，もともと貧しからぬ良家に人と成りしものに御座候へば，万事につけて上品に余裕ある事は小生の誓つてお受合ひ申すところに有之，小生は彼を以て旧日本に生きたる形見として，現代の新思潮に侵されざる勇者として一方ならず尊敬いたし居り候。折々に小生は彼が一杯機嫌の気焔を拝聴して得る処少からず，先達も彼は江戸の藝術を讃美して江戸の音楽家は例へば常磐津の乗合船，清元の神田祭，北州の如く，あらゆる其の時代の風俗，日常の生活を藝術の中に永久化したる手腕ありしかど，明治の先生達は進歩々々と大言壮語するのみにて，未だ一曲として明治の生活を音楽とし舞踏と

して作出したる事なきは誠に不思議のいたりと申し居り候。云々」（「荷風全集」第七巻，21-22 ページ）。

尋常中学校卒業後は「専ら風流情痴の道を研究し，唯今は世に云ふ藝が身を助ける境遇」にある中谷丁蔵は，故国の文明に安住できないでいる「新帰朝者」吉野紅雨とは対照的に，江戸趣味に耽溺して生きる，およそ思想的煩悶，文化的煩悶とは無関係の人物である。清宛ての紅雨の書状には中谷の「江戸の藝術」（江戸の音曲）への造詣の深さが述べられていることにも注目しよう。随筆「「冷笑」につきて」で荷風自身が述べているように，『冷笑』の「十二　夜の三味線」は，情趣豊かな，珠玉の逸品である。そこには，「夜の三味線」に託して，荷風の「諦め」の思想が，東西の道義観の比較・東西の音楽の比較を織り込みながら語られている。

『深川の唄』の作者として『冷笑』に登場する吉野紅雨は荷風自身に他ならないが，狂言作者・中谷丁蔵もまた，荷風の分身である。『冷笑』に狂言作者・中谷を登場させることによって，荷風は，『帰朝者の日記』におけるのとは論調を異にする，江戸文化の讃美・追憶を基調とする，彼の社会批判・文明批判の態勢を整えている。そして，そこにおいて，荷風の**諦めの哲学**が本格的に成立するのである。

既に『あめりか物語』『ふらんす物語』において，故国の社会・文明に対する荷風の批判的見解は表明されているが，それが最も明確に表明されているのは，『帰朝者の日記』においてである。しかし，日本に帰国した若き荷風の心に，故国の精神的，文化的風土との融和を求めようとする願望が働かなかったとは考え難い。『冷笑』には，荷風自身である吉野紅雨は，「半分病気になつて帰つて来た」（「荷風全集」第七巻，53 ページ）「近代主義と云ふ熱病」（「荷風全集」第七巻，42 ページ）に浮かされている人物として登場する。そして，その紅雨に「江戸の藝術」を鼓吹する人物として，狂言作者・中谷丁蔵が登場する。中谷は，故国の精神的，文化的風土に安住できないでいる紅雨とは対照的に，専ら江戸趣味に耽溺して生きる「現代の新思潮に侵されざる勇者」中谷は，およそ思想的煩悶，文化的煩悶とは無縁の人物である。中谷を登場させることによって，「新帰朝者」荷風の，故国の社会・文明に対する批判的態勢は「諦め」に転換し，彼の**諦**

めの哲学に昇華するのである。その点について，『冷笑』の「十二　夜の三味線」における，荷風の記述に即して述べてみたいと思う。

『冷笑』の「十二　夜の三味線」には，以下のような記述が認められる。吉野紅雨に託して，荷風の**諦めの哲学**の神髄が語られている記述である。紅雨が「半玉が藝者家で稽古してゐる江戸遊里の情を写した清元の一曲」（「荷風全集」第七巻，131ページ）に聴き入りながらの感想であることに留意して，お読みいただきたい。芸者家から聞こえてくる「江戸遊里の情を写した清元の一曲」の三味線の音色は，「江戸の音楽家」たちが，「苦界」生きる，色里の遊女たちの悲哀を音曲に表現した，哀しい音色である。

○「……良家の娘はもう母の懐に抱かれて安楽に寐てゐる時分，起きて坐つて寒い夜更にあゝして歌ふ小娘の不揃ひの声の底には，藝術の練習苦心の情の伺はれるのではなくて，唯姐さんと云ふ尊重者の叱責を恐れる服従と忍耐の果敢ない諦めと，其から生ずる悲痛が思ひ知られると共に，斯うした江戸遊里の恋の破滅を歌つた音楽は立派な公会場で堂々たる主張の意気込を以て立派に上手に歌つてしまふものよりも，人目を憚る薄暗い裏通の物蔭に潜んで何等の深い思想の煩悶も反抗をも抱き得ぬ女々しい心持で，出来る事なら矢張伊左衛門とか忠兵衛とか云ふ境遇に身を落として，そして全く藝術的批判の意識を離れて，あゝした未熟の稽古歌を聴くに於て，初めて其の真味を解し得るものだ……と紅雨は感じた」（「荷風全集」第七巻，128ページ）。

○「淋しい東洋の教義は人間の熱情の上にいつも義務と云ふ大きな重量を置いた。熱情は義務を遂行する目的の為のみに運用されべきもので，決して感情其自身のために発動されてはならぬものとしたらしい。愛国報恩復讐等の名目の下には吾々の祖先は殆ど超自然の熱情を発揮させたけれど，恋愛と称して其の素質に於ては同一と見るべき感情の流露に対しては無理無体の沈圧を試みるのみであつた。燃上るべき焰に道義の水を濺いで打消さうとした苦悶の底に，東洋的特種の声なき悲哀が示されるのも無理ではない。而して其の最も完全なる例證は遊里の恋の果敢なさを歌つた徳川時代の音楽であると紅雨は思つた。／何故なれば，此の時代の遊女の境遇が已に忠孝の道に其霊と其肉を捧げた犠牲の結果で

あつて，自然の人情として忍び得べからざる凡ての行為を制度法則の前
に忍び従はせて，万客の卑しき歓楽に無限の悲哀を宿す三界火宅の一身
を逆らふ事なく弄ばしめる。たまたま此苦界の憂き勤めの慰藉として，
恋愛の夢を見る事はあつても其は決して，今日の吾等が遠い西洋思想か
ら学んで見たやうな，希望の光明ではなくて，寧ろ現世の執着から離脱
すべき死の一階段である。彼の女と彼の男等は遺伝的精神修養の，驚く
程堅固な忍耐と覚悟を以て，いさゝかも無惨なる運命に対して見苦しい
反抗や浅果敢な懐疑の狂声を発せず，深く人間自然の本能を罪悪だと観
念し，過去一切の記憶を夢と諦め，現実の自己を恐怖嫌悪の中心と見定
めて未来永劫の暗黒に手を引合つて落て行く。云々」（「荷風全集」第七巻，
132-133 ページ）。

　夜の花街の横丁で，紅雨は，芸者家で半玉たちが，姐さんたちに厳しく
指導されて稽古に励む，三味線の哀しい音色に聴き入っている。荷風の記
述によれば，紅雨が聴き入っている三味線の音曲は，「江戸の音楽家」た
ちが，日本の旧い社会制度，人倫観・道義観に縛られて「苦界」に身を置
く遊女たちの，自分の不遇な身の上を運命の定めと観念して諦める，悲哀
を表現した音曲である。**自我の哲学**の基幹をなす個我の尊重・人格の尊厳
という概念とは無縁の，「苦界」に身を置く遊女たちの悲哀を奏でる，日
本固有の音楽である。個我の尊重・人格の尊厳の概念が通用しない，旧い
日本の社会情況をクローズアップさせて，荷風は紅雨に，「諦め」を語ら
せている。江戸の音曲師たちが「苦界」に身を置く女性たちの悲哀を昇華
させて三味線の音曲を創作したように，西洋の文化風土と日本の文化風土
との懸隔に懊悩する「新帰朝者」紅雨は，「十二　夜の三味線」において
は，「江戸の藝術」の神髄を感得・洞察することによって，その懊悩を昇
華させて，既に諦めの境位に到達している。

　上引の「十二　夜の三味線」の記述において，荷風は，人生の苦悩を運
命の定めとして忍受せざるを得ない悲哀が日本人の諦めの基底に存するこ
とを指摘している。長い年月にわたってカントの自我概念・人格性概念の
研究に携わり，西洋の人格概念・倫理思想に馴染んできた私は，荷風の記
述を読んで，改めて日本の旧来の精神的風土の，西洋の精神的風土との差

異を認識するに至った。『冷笑』には，若き荷風の哲学が盛り込まれている。『冷笑』を読んで，私は，若き荷風が哲学的な思考に長けた，哲学に深い造詣を有する文学者であったことを，改めて認識した。殊に「十二夜の三味線」における，「苦界」に身を置く遊女たちの，自分の悲しい身の上を運命の定めと観念して，忍受せざるを得ない悲哀が，江戸音曲の基底に存するという，荷風の指摘に，私は深い感銘を受けた。

カントの**自我の哲学**と対比させて言えば，『冷笑』に叙述されている荷風の**諦めの哲学**は，むしろ**自己放棄の哲学**である。我々が自分の力では対処できない情況・事態については，すべてを成り行きに任せるしかないとする**自己放棄の哲学**である。その限りにおいて，**自我の哲学と諦めの哲学**とは対極的関係にあり，カントの**自我の哲学**と荷風の**諦めの哲学**とは，対極的関係にある。しかし，両者が対極的関係にあればこそ，その対極性を見極めるこが必要であるはずである。古希を迎えた年に，私は自分の思惟思考（thought）の刷新を図ることを思い立って，荷風『冷笑』を始めとする書物を繙読して，『諦めの哲学』をまとめた。そのことは，その後の私のカント研究に有益であったし，また，日本人カント研究者としての私にとって必要なことであった。荷風は，『冷笑』に江戸芸術に通暁した狂言作者・中谷丁蔵を登場させることによって，故国の精神的，文化的風土に安住できないでいる「新帰朝者」吉野紅雨を救済して諦めの境位に到達させた。我々が文化的風土を異にする西洋の哲学・倫理学を学ぶ際にも，自国の精神的，文化的風土との融和を図ることが，要請されるはずである。

〔付記〕荷風『冷笑』についての考察を主題の一つとした自著『諦めの哲学』の起稿時のテーマは〈荷風に学ぶ諦めの哲学〉（Kafu and Philosophy of Resignation）であったが，同書では，さらに朝永振一郎博士の《くりこみ理論》，マックス・ヴェーバーの宗教社会学研究に学びながら，《諦め》について学際的に考察した。

哲学・倫理学の旅の結びに

　学生時代の前半，私はカントの著作では，専ら『純粋理性批判』，『人倫の形而上学の基礎づけ』，『実践理性批判』の繙読に明け暮れていた。P. メンツァー編『カントの倫理学講義』を初めて繙いたのは，大学院の博士課程に進学した年の夏休みであった。その頃，私は良心論に関心をもっていた。修士課程入学時の入学試験の，倫理学の専門科目の設問の一つに，良心について論述する設問があったからである。カントの著作を繙いても，『人倫の形而上学の基礎づけ』にも『実践理性批判』にも，良心論のまとまった論述は見当たらなかった。私がカントの後年の著作『人倫の形而上学』を繙く以前のことである。ドイツ語の読解にはまだ習熟していなかったけれども，メンツァー編『カントの倫理学講義』所収の「良心について」（Vom Gewissen）のカントの講義を感銘深く読んだことを記憶している。

　メンツァー編『カントの形而上学講義』はカントの批判哲学・批判的倫理学と緊密な関連を有する文献である。以下に，自著『カント研究──批判哲学の倫理学的構図』の，「批判的倫理学」の章の「良心論」の節から，メンツァー編『カントの形而上学講義』についての記述を引用する。Harper Toarchbooks 版の，J. マクマレーの "Introduction" に即しての記述である。〈P. メンツァーが Th. Fr. ブラウアーの筆記ノートを中心にして編纂した『カントの倫理学講義』の，カント自身の原稿は，最後の講義でバゼドウの汎愛学校（1774 年設立）に言及しているところから，1775 年以後に書かれたものと推定され，1775 年から 1781 年にかけて，5 学期，その原稿に基づいて講義がなされたと推定される。テキストにはバウムガルテン（Alexander Gottlob Baumgarten, 1714-62）の » *Initia philosophiae practicae primae* « と » *Ethica philosophica* « が用いられ，「説明

の順序」，「アプローチの方法，論究さるべき諸問題とそれらの論究の結論」に関してはバウムガルテンに従っているが，決して「テキストの注釈の形は取らず……大体において彼は彼自身の意見の説明のために〔大学によって〕指定された〔テキストの〕著者によって設定された形式を用いたのである」（以上，*Immanuel Kant Lectures on Ethics*, Translated by Louis Infield, Foreword to the Torchbook Edition, by Lewis White Beck, 1963, "Introduction" by J. MacMurray, pp. xv-xix）。——1781 年といえば，『純粋理性批判』の初版が刊行された年である。我々はこの『倫理学講義』によって，『純粋理性批判』の完成を目指して苦闘を続けていた時期のカントの倫理思想を知ることができる。〉

　当時のカントの思索を盛り込んだその倫理学の講義は，彼の批判哲学における倫理学の基底に組み入れられているはずである。カントの倫理学・倫理思想を把握するためには，彼の倫理学講義について研究することが必要である。

　同様のことが，カントの形而上学の講義についても言えるはずである。ケーニッヒスベルク大学でのカントの形而上学や倫理学の講義は，カントの批判哲学における哲学・倫理学のパラダイムの基底に組み入れられているはずである。カントの倫理学・倫理思想の基底に存する，彼の思惟思考（thought）を把握するためには，彼の倫理学講義について研究することが必要であるように，カントの形而上学・形而上学思想の基底に存する，彼の思惟思考を把握するためには，彼の形而上学講義について研究することが必要である。——私にも，そのような方向でカント研究を進めることを考えた時期がある。私が，『純粋理性批判』の「超越論的弁証論」の研究に着手した頃のことである。しかし，『純粋理性批判』に先行する，批判期以前のカントの形而上学・形而上学思想が，『純粋理性批判』の「超越論的弁証論」にどのように組み入れられているかを把握することは，私の力を上回る深遠な課題であった。

　バウムガルテンに至るライプニッツ - ヴォルフ学派の哲学の歩みを詳細に辿ることはできなかったが，私は，一時期，ライプニッツの予定調和説の研究に携わっていた。現在に至るまで，私がカントについて論じる場合

には，必ず参考文献，引用文献として使用している *Kants Werke Akademie Text Ausgabe*, 9 Bde., Berlin: Walter de Gruyter & Co., Berlin:1968. を購入したのは，それから何年か置いてからであったと思うが，同著作集の購入を機に，私は，同著作集に収録されているカントの著作の繙読に専念することを思い立つに至った。その時から既に40年を超える歳月が経過している。その間，私は哲学・倫理学の旅を続けてきた。私が荷風文学に巡り合ったのも，その旅の途次においてであった。

　少年時代に，将来，素粒子物理学の研究者になることを夢見ていた私は，倫理学を専攻することになってからも，素粒子物理学に関心を持ってきた。とりわけ，アインシュタインが晩年，全力を傾注してその構築に取り組んだ重力場と電磁場の《統一場理論》に哲学的な関心を寄せていた。素粒子物理学に関心を抱きながらも，40代の半ばまでの時期，私は，カントの著作，およびカント研究文献の繙読に専念して，クォーク理論の進展・量子色力学の構築や電弱統一理論の構築にも無関心でいた。その間に，素粒子物理学は著しい発展を遂げて，《素粒子物理学の標準モデル》（素粒子物理学の標準理論）の理論構築が達成されていた。私が物理学の指標としての大きな理念論的意義を感得していたアインシュタインの《統一場理論》の構想は，それ自体としては結実しなかったが，《相互作用の統一理論》（ゲージ場の量子論）に結実していた。《素粒子物理学の標準モデル》について，私が南部陽一郎『クォーク』で初めて学んだのは，40代半ばを過ぎてからであった。20世紀後半の素粒子物理学において著しい進展が達成されていたことを知って，私は新鮮な感銘を受けた。《素粒子物理学の標準モデル》の理論構築とその実験的検証に至る素粒子物理学の進展は，我々の同時代の科学におけるパラダイムシフトの最も典型的なものの一つである。

　南部陽一郎『クォーク』を繙いたのを契機にして，私は《素粒子物理学の標準モデル》に関心を抱くようになり，現在では，南部博士のノーベル物理学賞受賞を機に刊行された，江沢洋編の，南部陽一郎著『素粒子論の発展』（岩波書店）に収録されている南部博士の論著を繙読するに至った。「パラダイム」「パラダイムシフト」の概念については，私は基本的に

哲学・倫理学の旅の結びに　*227*

はトーマス・クーン『科学革命の構造』で学んでいるが，南部博士に学んでいる面も大きい。そのことについては，旧著『カントの批判哲学と自我論』の〔付論〕「素粒子の超伝導モデルについての哲学的考察」の「序」で，言及した。

　私が「パラダイム」「パラダイムシフト」の概念を学んだことは，カント哲学における「コペルニクス的転回」とカントの自我論におけるパラダイムシフトを念頭に置いて，カントによって達成された哲学のパラダイムシフトを読み取る，『カントの批判哲学と自我論』の論旨に生かされている。

　本書の〔第2部〕に収録した英文論考の執筆に取り組み始めたのは，満71歳の誕生日を迎える前後の頃であったが，英文論考の執筆は『西洋近代哲学とその形成』の執筆と併行して進められた。長期間にわたって，終日，机に向かう日々が続いたけれども，当時の私にとって，『西洋近代哲学とその形成』の執筆とカントの自我論に関する英文論考の執筆とは，相補関係にあったはずである。本書に収録した英文論考を完成することができたのも，『西洋近代哲学とその形成』の執筆に全力を傾注したことによってであったと思う。『西洋近代哲学とその形成』では，後半の二章（自選作品集『カントとその先行者たちの哲学——西洋近代哲学とその形成および関連論考』では，第一編の後半の二章）は，「デカルトの自我論」，「カントの自我論」に充てられている。『カントの批判哲学と自我論』は，『西洋近代哲学とその形成』と緊密な関連を有する作品である。

　カントの批判哲学もまた，西洋近代哲学の形成と発展を基盤にして構築された，哲学の歴史の所産である。旧い宇宙体系論（地球中心説）が新しい宇宙体系論（太陽中心説）に置き換えられる，宇宙体系論における大きなパラダイムシフトが進展する過程の中で，天体望遠鏡の発明者ガリレオは，望遠鏡を作製して天体観測を行ない，旧い宇宙体系論を覆すに至る，天文学上の重要な発見を成し遂げた。ガリレオの天文学上の発見によって，人類の精神史に世界像・世界観の転換がもたらされることになる。カントの批判哲学を把握するためには，彼の先行者であるガリレオ，デカルトが自然哲学，形而上学において達成した業績が看過されてはならない。

本書の刊行に際して，古希を迎えて以降にまとめた自著を読み返して，改めて「「哲学する」ということ」(『西洋近代哲学とその形成』第一章標題)に思いを致している。『西洋近代哲学とその形成』の執筆に際して，私はカントの『純粋理性批判』におけるのと同じく，ガリレオの著作にも，デカルトの著作にも，「哲学する」という言葉が織り込まれていることを念頭に置いて，「「哲学する」ということ」の章を執筆したのであるが，同書を読み返して，カントが《「学校概念」における哲学》に対置して《「世界概念」における哲学》という学問理念を提示しているのは，一つには《哲学》を《「学校概念」における哲学》の基幹に据えられているアリストテレス主義の制縛から解放することを念頭に置いてであることを，改めて認識した。考えてみれば，『西洋近代哲学とその形成』において私が主題的に考察したのは，ガリレオの自然哲学からデカルト哲学を経てカント哲学に至る，《「学校概念」における哲学》のアリストテレス主義を超克する，西洋近代哲学の展開であった。確たる自信はないけれども，カントが《「世界概念」における哲学》という言葉を記す際，彼は，ガリレオ，デカルトを始めとする，「世界」(宇宙)について真に哲学して宇宙体系論に変革をもたらし，西洋近代哲学の形成と発展に大きく貢献した自然哲学者たち・哲学者たちのことを，念頭に置いていたように，私には思われる。カント研究に併行して，私は長年，哲学・倫理学の旅を続けてきたが，今に至って，自著『西洋近代哲学とその形成』において，「哲学する」という，カントの学問理念と，ガリレオやデカルトが重要な役割を果たした，西洋近代哲学の形成との連関について論究していたことに気がついて，感慨に耽っている。

　所詮，人間は旅人である。人生の旅人である。旅には出会いがある。長い旅路の途上で，私にも先哲との出会いがあった。カントにも巡り合ったし，荷風にも巡り合った。朝永振一郎博士の《くりこみ理論》の基底に据えられている「放棄の原理」(南部陽一郎『クォーク』(講談社ブルーバックス)第2版，194-195ページ参照)についても勉強した。長路の旅の疲れを癒しながら，今は荷風散人と，諦めの哲学について語り合ってみたいと思っている。《仮想時空》のどこかで。

参考文献（References）

本文献表には，本書を執筆する際，手元に置いて参照した文献に限定して，欧語文献について
は著者名のアルファベット順に，日本語文献については著者名の五十音順に掲記する。ただし，
デカルトの著作，カントの著作については，刊行年順に掲記する。

欧語文献

〔デカルトの著作〕

Œuvres de Descartes, publiées par Charles Adam & Paul Tannery, 11 vols., Paris: Vrin, 1996.

Descartes, René, *Discourse on Method and The Meditations*, translated with an Introduction by F. E. Sutcliffe, Harmondsworth: Penguin Books, 1968.

Descartes, René, *Meditations and Other Metaphysical Writings*, translated with an Introduction by Desmond M. Clarke, London: Penguin Books, 1998, 2000, 2003.

Descartes, René, *Discourse on Method and Related Writings*, translated with an Introduction by Desmond M. Clarke, London: Penguin Books, 1999, 2003.

〔カントの著作〕

Kants Werke Akademie Textausgabe, 9 vols., Berlin: Walter de Gruyter & Co., 1968.

Kant, Immanuel, *Kritik der reinen Vernunft*, herausgegeben von Wilhelm Weischedel, 2 vols., Frankfurt am Main: Suhrkamp Verlag, 1974.

Kant, Immanuel, *Kritik der reinen Vernunft*, herausgegeben von Jens Timmermann, Hamburg: Felix Meiner Verlag, 1998.

Kant, Immanuel, *Critique of Pure Reason*, translated, edited, and with an Introduction by Marcus Weigelt, based on the translation by Max Müller, London: Penguin Books, 2007.

〔上掲文献以外の欧語文献〕

Heimsoeth, Heinz, *Transzendentale Dialektik: Ein Kommentar zu Kants Kritik der reinen Vernunft*, 4 vols., Berlin: Walter de Gruyter & Co., 1966−1971.

Kuhn, Thomas S., *The Structure of Scientific Revolutions*, 4th edition, With an Introductory Essay by Ian Hacking, Chicago and London: The University of

Chicago Press, 2012.

日本語文献

〔デカルトの著作〕
『増補版 デカルト著作集』全 4 巻, 白水社, 2001 年。

〔永井荷風の著作〕
稲垣達郎, 竹盛天雄, 中島国彦編『荷風全集』(岩波書店) 第七巻, 1992 年, 2009 年第 2 刷。

〔上掲文献以外の日本語文献〕
小倉貞秀『カント倫理学研究——人格性概念を中心として——』理想社, 1965 年。
小倉貞秀『ペルソナ概念の歴史的形成——古代よりカント以前まで』以文社, 2010 年。
小倉志祥『カントの倫理思想』東京大学出版会, 1972 年。
金子武蔵『倫理学概論』岩波書店, 1957 年。
金子武蔵『カントの純粋理性批判』以文社, 1974 年。
トーマス・クーン著, 中山茂訳『科学革命の構造』みすず書房, 1971 年。
アレクサンドル・コイレ著, 長野協訳『コスモスの崩壊——閉ざされた世界から無限の宇宙へ』白水社, 1974 年。
鈴木文孝『カント研究——批判哲学の倫理学的構図』以文社, 1985 年。
鈴木文孝『カント批判——場の倫理学への道』以文社, 1987 年。
鈴木文孝『若き荷風の文学と思想』以文社, 1995 年。
鈴木文孝『カントとともに——カント研究の総仕上げ』以文社, 2009 年。
鈴木文孝『諦めの哲学』以文社, 2011 年。
鈴木文孝『西洋近代哲学とその形成』以文社, 2013 年。
南部陽一郎『クォーク』講談社, 1981 年, 1998 年第 2 版。
南部陽一郎著, 江沢洋編『素粒子論の発展』岩波書店, 2009 年。
山田弘明『デカルト哲学の根本問題』知泉書館, 2009 年。
和辻哲郎『人格と人類性』岩波書店, 1938 年。

初出一覧

〔第1部〕 『カントの批判哲学と自我論』

〔第2部〕

    Chapter 1　『愛知教育大学研究報告』第61輯（人文・社会科学編）

    Chapter 2　『愛知教育大学研究報告』第62輯（人文・社会科学編）

    原　題：'Kant's Criticism of Rational Psychology and His Theory of Transcendental Ego'

    Chapter 3　『愛知教育大学研究報告』第63輯（人文・社会科学編）

    Chapter 4　『カントの批判哲学と自我論』

〔第3部〕

    第1章　『カント研究の締めくくり』

    第2章　『カント研究の締めくくり』

    第3章

      第1節　『カント研究の締めくくり』

      第2節　〔書き下ろし原稿〕

哲学・倫理学の旅の結びに　〔書き下ろし原稿〕

著者紹介

鈴木文孝（すずき・ふみたか）

1940 年，静岡県に生まれる。1963 年，東京教育大学文学部卒業。1965 年，東京大学大学院人文科学研究科修士課程修了。1970 年，東京大学大学院人文科学研究科博士課程を学科課程修了にて満期退学。その間，昭和 43 年度，昭和 44 年度日本学術振興会奨励研究員。2004 年，愛知教育大学教授教育学部を定年により退職。現在，愛知教育大学名誉教授，文学博士（筑波大学）。

著　書

『カント研究──批判哲学の倫理的構図』（以文社，1985 年）

『カント批判──場の倫理学への道』（以文社，1987 年）

『倫理の探究』（以文社，1988 年）

『共同態の倫理学──カント哲学及び日本思想の研究』（以文社，1989 年）

『近世武士道論』（以文社，1991 年）

『若き荷風の文学と思想』（以文社，1995 年）

『カントとともに──カント研究の総仕上げ』（以文社，2009 年）

『永井荷風の批判的審美主義──特に艶情小説を巡って』（以文社，2010 年）

『諦めの哲学』（以文社，2011 年）

『西洋近代哲学とその形成』（以文社，2013 年）

『カントの批判哲学と自我論』（以文社，2015 年）

The Critical Philosophy of Immanuel Kant and His Theory of the Ego（以文社, 2015 年）

『カント研究の締めくくり』（以文社，2016 年）

『増補　カント研究の締めくくり』（以文社，2016 年）

『改訂版　諦めの哲学』（以文社，2016 年）

『文化の中の哲学をたずねて──諦めの哲学および関連論考』（以文社，2018 年）

『カントとその先行者たちの哲学──西洋近代哲学とその形成および関連論考』（以文社，2018 年）

翻　訳

マックス・シェーラー『超越論的方法と心理学的方法──哲学的方法論の根本的論究』（『シェーラー著作集』14 所収，白水社，1976 年）

カントに学ぶ自我の哲学
——カントの批判哲学と自我論および関連論考
Kant and Philosophy of the Ego

2019 年 5 月 10 日　初版第 1 刷発行

著　者　鈴 木 文 孝

発行者　前 瀬 宗 祐

発行所　以 文 社

〒 101-0051 東京都千代田区神田神保町 2-12
TEL 03-6272-6536　FAX 03-6272-6538
http://www.ibunsha.co.jp/
印刷・製本：中央精版印刷

ISBN978-4-7531-0352-2　　　　　　　©F.SUZUKI 2019
Printed in Japan